포용력

바쁜 중에도 틈틈이 정리한 글을 모아서 책으로 낸다고 하니 그의 부지런함에 경의를 표한다. 이 책은 나와 타인을 아우르는 바람직한 포용이 무엇인지를 지난 37년간 은행원으로서 살아온 저자의 경험을 바탕으로 쉽게 설명하고 있다. 책을 읽으면서 포용력에 대한 저자의 경험과 생각을 공유한다면 여러 군상 속에서 서로 부딪히며 살아가야 하는 우리에게 좋은 지침이 되리라 확신한다.

– 윤용로, IBK 기업은행장

우리나라에 꼭 필요한 것은 포용력이란 생각을 가질 때가 많았다. 남녀 갈등, 세대 갈등, 정치 갈등 등 이른바 관계 가운데 빚어지는 모든 갈등은 포용력의 부재에서 비롯된 것이기 때문이다. 이런 가운데 본인의 신앙과 오랜 경험을 바탕으로 펴낸 유희태 부행장의 저서 『포용력』은 이 시대를 관통하는 올바른 처방책이 될 것이다.

– 김장환, 극동방송 사장

저자가 어린 시절의 가난과 어려움을 극복하고 성공할 수 있었던 것은 굳은 의지와 다른 사람들을 도우려는 따뜻한 마음 때문이라고 생각한다. 37년 동안의 직장생활에서 그가 지켜 온 원칙 '포용'은 사랑의 다른 말이다. 그는 이 책에서 더 많은 사람을 이해하며 사랑하겠다고 스스로에게 다짐하는 듯하다.

– 윤석금, 웅진그룹 회장

저자의 인생을 성공으로 이끈 것은 무엇일까? 그는 남들과 다름없는 일상 속에서도 다르게 사는 방법을 발견했다. 이것은 범인(凡人)과 다름없이 시작해서 지금과 같은 성공 가도를 달리게 한 비범한 능력 중 하나가 아닐까? 그런 의미에서 그의 인생 노하우가 집약된 이 책을 접할 수 있다는 것은 행운이다. 책을 읽어 가다 보면 어느새 우리 마음가짐도 변하는 것을 느낄 것이다. 이 책은 단지 어려움을 극복하는 방법이 아닌 의연하게 대처하는 인생의 지혜를 독자에게 선물하고 있다.

– 윤여웅, ㈜제일건설 대표이사, 학교법인 원광학원 이사장

'성공적인 경영자'라는 단어를 보면 몇 가지 유형의 CEO들이 떠오른다. 그 중에서 유희태 부행장은 인간의 영혼을 소중히 생각하고 약한 사람들을 배려하며 나눔과 상생의 원리를 실천하면서 건강한 조직을 만들어 가는 영성 경영을 펼치는 대표적 인물이다. 최근 세계적인 금융위기의 이면에는 '카지노 자본주의', '정글 자본주의'에 매몰된 차가운 지식인들이 있다. 대부분 미국의 명문 MBA 출신으로 "전략은 있지만 영혼은 없다."는 비판을 받고 있는 그들은 이 시대에 진정한 희망을 주지 못한다. 가치관이 흔들리고 특히 어려운 시대를 살아가는 요즘 사람들에게 저자의 진솔한 이야기는 희망과 축복의 메시지가 될 것이다.

- 윤은기, 서울과학종합대학원 대학교 총장, 경영학 박사

성공과 실패는 동전의 양면과도 같다. 어떤 이에게 성공은 실패의 원인이 되기도 하고, 또 어떤 이에게 실패는 성공의 발판이 되기도 한다. 긍정의 힘으로 거친 인생을 정면돌파해 온 저자는 이 같은 양면성을 모두 살필 줄 아는 깊은 연륜과 통찰력을 지녔다. 그는 경쟁자를 쓰러뜨리거나 누군가를 밟고라도 성공해야 한다는 이분법적 사고가 아니라 적과 라이벌마저 내 편으로 만들 줄 아는 열린 마음과 넓은 포용력을 갖춘 섬김의 리더다. 그의 열정적이고 희망 넘치는 삶의 궤적과 생각들을 글로 접하게 되어 기쁘게 생각한다. 행복하고 축복된 인생과 참된 성공의 비결이 담긴 이 책을 모든 분들께 적극 추천한다.

- 이정식, CBS 사장

옆에서 지켜본 저자는 언제나 꿈과 희망을 갖고 있었다. 그 꿈을 현실로 이루려고 노력한 흔적들이 이 책 속에 가득 실려 있다. 특히 신입사원에게 어떻게 살아야 할 것인지 좋은 길잡이 역할을 하고 있다. 책을 읽는 동안 다른 사람에게 상처를 주지 않으면서 함께 살아갈 수 있는 지혜로운 방법을 배울 수 있을 것이다.

− 이교성, 신흥콘크리트 대표이사, 국제로터리 3670지구 차기총재

유희태 부행장은 자전적 에세이 『마음에 꿈을 그려라』에서 "꿈만 꾸면 몽상가일 뿐이지만 그 꿈을 펼치면 이루어진다."를 외치며 우리를 감동으로 몰아넣더니, 이번에는 축재(蓄財)는 기술이지만 용재(用材)는 예술임을 겸손과 포용의 정신으로 설파하며 또 한 번 백만 독자들의 심금을 울리고 있다. 한 줌의 흙도 마다하지 않았기에 태산이 되었고 실개천의 물도 마다하지 않아 바다가 된 그 포용의 의미를 소설보다 재미있고 맛있게 펼치고 있다.

− 유현종, KBS 대하사극 〈대조영〉, SBS 대하사극 〈연개소문〉의 원작자

내 자신을 믿고 나를 사랑할 수 있도록 가르쳐 주고 일깨워 준 이 책을 소중히 간직하고 싶다! 생각을 행동으로 옮기는 것은 결코 쉬운 일이 아닌데 책상을 넘기며 작은 결심들을 하나하나 지켜온 저자의 삶에 감탄하게 되었다. 어려움과 절망 속에서 가슴 깊은 곳에 접어 두었던 꿈을 다시 펼치게 해 준 이 책이 너무나 고맙다!

− 빈명선, 그동안 저자를 수행하며 정직을 배운 수행원

포용력

사람과 세상을 내 편으로 만드는 힘 — 유희태 지음

살림

| 차 례 |

감사의 말 _ 12
서문 _ 13

1부
비전

나를 사랑하는 것부터 시작하라

1장. 오늘을 사랑해야 내일을 꿈꿀 수 있다 20
긍정의 에너지를 사용하라 | 'No'로 한 단계 도약하기 | 포기하지 않고 될 때까지 |
지배당하지 않고 다스리기
※ 환경을 받아들이는 how-to

2장. 일상 속에는 수많은 보물들이 숨겨져 있다 53
밝은 얼굴이 밝은 운명을 만든다 | 기적을 만드는 작은 친절 |
행복과 성공 에너지의 원천은 가정 | 다른 누구도 아닌 당신 고유의 삶을 살라
※ 일상 속에서 보물을 캐는 how-to

3장. 선택에 따라 인생이 결정된다 75
꿈은 마이너스를 플러스로 바꾸는 힘 | 조급증을 버리고 한 걸음씩 정도를 걷다 |
변화로 여는 새로운 세상
※ 꿈을 이루는 how-to

2부 동행

함께하는 사람을 껴안으라

4장. 함께하는 사람을 소중히 여기라 90

내 인생의 두 여자, 아내와 어머니 | 듣기 좋은 호칭, 쌍둥이 아빠 | 칭찬의 힘 |
내 편을 만드는 마음의 기술, 배려와 존중
※ 함께하는 사람을 행복하게 해 주는 how-to

5장. 고객의 마음을 사라 108

궁하면 통한다 | 친절과 배려는 기본이다 | 고객과 함께 성장하라 | 믿을 만한 사람이 되라 |
원칙을 갖되 사랑으로 행하라 | 위기에 빠진 고객을 구출하라
※ 고객의 마음을 사는 how-to

6장. 겸손과 열정의 파트너, 적과 라이벌 136

어디에나 나를 찌르는 가시는 있다 | 적을 만났을 때 필요한 무기, 사랑과 관용 |
가장 좋은 스승은 라이벌이다 | 최선의 친절과 일관성 있는 태도를 유지하라
※ 적과 라이벌을 내 편으로 만드는 how-to

3부
도약

실패와 갈등은 가슴을 넓혀 준다

7장. 갈등을 정면돌파하라 158

이기는 것보다 중요한 것 | 대립을 피할 수 없을 때 필요한 지혜 |
꿀벌은 꽃에게 상처를 남기지 않는다 | 갈등은 마음의 소리를 경청할 때 풀린다
※ 갈등을 지혜롭게 대처하는 how-to

8장. 실패는 새로운 배움을 의미한다 180

실패 덕분에 얻은 명약 | 승진 미끄럼틀 타기 | 절벽에서 발견한 또 다른 가능성
※ 실패를 극복하는 how-to

9장. 장애물이 없다면 도전도 없다 194

가장 큰 파산은 열정을 잃어버리는 것이다 | '지금'이 미래를 결정한다 |
때로는 원치 않는 상황에도 처하게 된다 | 길이 없을 땐 길을 만들라
※ 장애물을 대처하는 how-to

4부
실천

포용의 완성은 사랑을 나누는 것이다

10장. 삶을 바꾸는 것은 언제나 작은 것들이다 216

베푸는 삶의 시작 | 우연한 만남 속에 주머니를 열다 | 사랑의 집 | 평화의 집 | 주사랑 공동체 | 베푸는 삶일수록 더 큰 유익을 누린다 | 나의 비전, 나의 소명
※ 나누는 삶을 실천하는 how-to

후기 아름다운 청춘에게 _ 235

감사의 말 |

많은 사람들이 이 책을 쓰는 데 기여했고, 이 책을 만드는 데 도움을 주었다. 이 지면을 통해 이름을 거명하지 않았다고 해서 그 사람을 기억하지 못하는 것은 아니다. 이름을 밝히는 것은 그분들께 도저히 그냥 지나칠 수 없는 감사한 마음을 전하기 위해서다.

내게 포용에 관한 책을 쓰도록 권해 준 살림 출판사에 특별한 감사를 전한다. 부족한 이야기지만 이 시대에 필요한 메시지를 전할 수 있도록 포용이라는 주제로 나를 불러 준 것과 신뢰에 감사한다.

탁월한 안목과 따뜻한 마음을 가진 편집자로 내 원고를 완성품으로 다듬는 데 많은 기여를 해 준 최은하 씨에게, 그리고 나의 삶을 찬란하게 글로 옮길 줄 아는 은혜로운 재능의 소유자인 신소영 씨에게도 감사한다. 저자로서 그 이상 무엇을 바라겠는가.

내 부모님과 자녀들, 그리고 손녀들 역시 나를 전폭적으로 지원해 주었다. 무엇보다 내 아내로 인하여 하나님께 감사드린다. 함께 원고를 검토하고 훌륭한 조언을 아끼지 않은 아내의 우정과 동역과 사랑이 내게 주는 의미는 가히 말로 표현할 수 없다.

| 서문 |

나는 태양을 사랑하리라, 나의 몸을 따뜻하게 해 주니까.
그러나 소낙비도 사랑하리라, 나의 영혼을 깨끗하게 해 주니까.
나는 밝음을 사랑하리라, 나의 갈 길을 밝혀 주니까.
그러나 어둠도 사랑하리라, 별을 볼 수 있게 해 주니까.
나는 행복을 사랑하리라, 내 가슴을 가득 채워 주니까.
그러나 슬픔도 사랑하리라, 나의 마음을 가다듬어 주니까.
나는 당당히 보상을 받으리라, 내 노력의 대가니까.
그러나 난관들도 환영하리라, 나에게 도전이 되니까.

- 『위대한 상인의 비밀』 중에서

2007년 1월, 나는 세상의 편견을 뒤집고 상고 출신, 게다가 노조 위원장 출신으로 기업은행 부행장이 되었다. 열심히 살아온 시간에 대한 보상이리라는 생각도 들었지만, 더욱 더 고개가 숙여졌다.

작년에 부행장이 되고 나서 기업은행 내 신우회 예배에 참석한 나는 그곳에서 26년째 신우회 예배를 자원 봉사로 섬기고 있는 김용호 사장님을 만나 뵙게 되었다. 처음에는 목사님으로 사역을 담당하였으나 현재는 출판사를 운영하시는 사업가였다. 그분으로부터 기업을 운영하는 것이 얼마나 힘들고 어려운지를 듣고 위로해 드리고 싶어 사장님을 내 방으로 모셨다. 이런저런 이야기를 나누던 가운데 그분은 몇 년 전에 외서를 번역하여 출간하는 과정 중에 사기를 당해 큰 손해를 본 이야기를 해 주셨다. 그 일로 회사는 큰 타격을 입었고 사장님도 마음에 큰 상처를 입었다. 그런데 공교롭게도 사기를 친 사람은 건강이 매우 나쁜 상태였고 아무것도 없이 어렵게 살고 있었다. 그런 사람이 찾아와 잘못했으니 용서해 달라고 하는데 사정은 딱하지만 쉽게 용서가 되었겠는가. 하지만 사장님은 이 일에 시간을 끄는 것이 낭비라고 생각했다고 한다. 다른 사람을 미워하면서 시간을 보내다가 다른 일까지 손해를 볼 것 같아 결국 그분은 '용서'하기로 결심했다. 하지만 그렇게 받아들이기까지는 어느 정도 시간이 필요했다. 다행히 그때는 모든 원망으로부터 벗어난 듯 편안해 보이셨다.

　나는 어떻게든 그분을 도와 드리고 싶었다. 그래서 그냥 별 뜻 없이 내가 기업은행에 입사해 지금에 이르기까지의 이야기를 책으로 정리해서 직장 후배들에게 주면 업무에 참고가 되지 않겠느냐고 제안했다. 내 방에 찾아오는 분들에게 기념 선물로 줄 개인 책을 낼 요량이었다. 그러자 사장님은 "좋은 생각 같다."면서 적극적으로 조언을 해 주셨다.

　나는 추석 연휴 때 아내와 함께 원고를 작성했다. 쓰다 보니 지나온 시간에 대한 기억이 새록새록 떠오르면서 재미있었다. 다 완성된 원고를 보내고 연락을 기다리고 있는데 며칠 뒤 김 사장님이 흥분된 얼굴로 찾아오셨다.

이 책을 직원들에게만 줄 것이 아니라 출판사에 판권을 주면 필요한 양의 책과 인세를 줄 테니 "당장 계약합시다." 하는 것이었다.

그렇게 나온 책이 『마음에 꿈을 그려라』이다. 이 책은 나온 지 며칠 만에 초판 5천부가 팔렸고, 8쇄까지 찍을 정도로 독자들의 사랑을 받았다. 아무도 예상하지 못한 반응이었다.

그 이후 많은 기관에서 강연 요청이 들어왔다. 부행장으로서뿐만 아니라 강연자로서의 삶까지 살게 된 것이다. 그렇게 8개월을 지내면서 점점 더 고개가 숙여졌다. 강연을 하면 할수록 지금의 내가 나 혼자만 잘나서 된 것이 아니라는 사실을 깨닫게 되기 때문이다. 그러면서 나는 내 인생에서 중요한 역할을 한 키워드를 찾아 냈다. 바로 '포용'이었다.

내가 나 자신을 포용하지 않았더라면 어떻게 되었을까. 조합장 생활을 하시던 아버지의 빚보증으로 10여 번에 걸쳐 압류가 들어오고 학비조차 낼 수 없을 만큼 찢어지게 가난했던 가정 환경. 그 때문에 대학을 포기하고 상고로 진로를 바꿀 수밖에 없었던 상황. 실패감에 젖어 밤낮으로 술에 찌들어 무기력하게 지내시던 아버지.

아무리 거부하고 싶어도 피할 수 없는 현실이었다. 어쩌면 꿈이 있는 사람에게 가장 어려운 것은 거부하고 싶은 현실을 직시하는 것인지도 모른다. 그러나 현실에 대한 냉철한 인식이 없다면 기혹한 그 현실과 맞서 씨울 수 없다. 아무것도 없는 현실 속의 나를 사랑하는 것은 더 나은 내일을 꿈꿀 수 있게 해 준다. 현실 속에서 치열하게 답을 찾으려 하지 않았다면 내일을 향한 꿈은 그저 백일몽으로 끝나 버렸을 것이다.

또한, 누군가가 나를 포용해 주지 않았다면 어떻게 되었을까.

아무것도 없는 나를 있는 그대로 받아들여 결혼해 준 아내, 입행 서류에 당시 재산세 3,000원 이상의 보증인을 세울 수 없어 잠 못 이루며 백방으로 보증인을 찾아다니시던 부모님, 마지막 날 보증을 서 주셔서 은행에 취직할 수 있도록 기회를 주신 유기정 회장님, 그리고 사랑과 관심으로 많은 격려와 지도를 해 주신 고객님들……. 수많은 사람들이 나를 포용해 주었기에 나는 난관에 부딪혀도 주저앉지 않을 수 있었다. 또한 끝없이 도전하고 앞으로는 더 나아질 것이라는 희망을 가질 수 있었다.

누구나 성공을 꿈꾸는 시대에 '포용'은 매력 없게 들릴 수 있다. 속도감이나 박진감, 성취감이 그리 느껴지지 않기 때문이다. 하지만 나는 포용이 성공의 문을 여는 중요한 키워드라고 확신한다.

포용은 단순히 긍정적인 사고방식을 뜻하는 것이 아니다. 이보다 더 나아가 더욱 우리 삶을 풍요롭게 만든다. 사사로운 생각들을 없애 주고 부정적인 감정들을 상쇄시킨다. 이는 성공과 실패, 탁월함과 평범함, 희망과 절망 간의 차이를 가늠하는 잣대가 될 수 있다.

포용력이 있는 사람은 다음과 같은 사실을 믿는다.

"팔면 팔수록 팔 것이 더 많다." "주면 줄수록 줄 것이 더 많다." "배우면 배울수록 배울 것이 더 많다." "사람들은 모두가 대단하다. 그들은 내가 목표를 달성할 수 있도록 도와줄 것이다."

포용력이 있는 사람은 스스로가 목표 달성에 필요한 자질을 충분히 갖추고 있다고 생각한다. 그리고 자신의 성공을 타인의 실패와 연관 지어 생각하지도 않는다. 오히려 반대로 자신이 성공할수록 다른 사람에게 더 긍정적인 영향을 미칠 수 있다고 믿는다.

넉넉함은 각자의 마음에서 시작된다. 사고가 넉넉할수록 삶은 더욱 풍성해지고 삶이 풍성해질수록 우리 앞에는 더 많은 성공의 길이 펼쳐질 것이다.

혼자서 살아가는 사람은 없다. 아무리 잘나도 우리는 결국 누군가와 함께 해야 하는 세상 속에 살고 있다. 조금만 돌아봐도 우리 인생에서 우리를 감싸 안아 주고 용기를 주었던 사람들을 떠올릴 수 있다. 나는 결코 "뭐, 이딴 걸 가지고 그래, 내가 젊었을 때는 어땠는지 알아? 이보다 심했으면 심했지 절대 못하지는 않았다고!"라고 꾸짖기 위해 이 책을 쓴 것이 아니다. 힘들어서 포기하고 싶을 때에도 자신을 믿어 보라고, 용기를 내고 다시 뛰어 보라고 말해 주고 싶다. 답답하고 사방이 막힌 것 같을 때에도 냉철한 눈으로 보면 길이 보인다고, 나를 믿어 주고 인정해 주는 사람이 있다고 말해 주고 싶다.

인생의 험난한 여정을 항해하는 수많은 사람들에게 조금 먼저 그 길을 떠났던 선배로서, 또 아직도 거친 파도와 맞서 싸우는 동료로서 험난하지만 함께여서 아름다운 세상을 만들어 가자고 제안하고 싶다. 내가 품어 준 한 사람이 또 누군가를 품어 줄 수 있다면 이 세상은 훨씬 더 아름다워질 것이다.

비전 | 1부 |
나를 사랑하는 것부터 시작하라

귀찮다고 생각하는 일, 중요하지 않다고 생각되는 만남. 혹시 그런 것들이 성가시다고 느껴지는가. 그렇다면 그 일, 그 만남이 당신의 미래와 연결되어 있다고 생각해 보자. 그렇다면 하룻동안 소홀히 대할 수 있는 시간이 얼마 없을 것이다. 진심을 다한 최선은 나중에 기회라는 선물로 부메랑처럼 자신에게 돌아온다.

| 1장 | 오늘을 사랑해야 내일을 꿈꿀 수 있다

이전에 한 번도 성취하지 못한 것을 성취하려면
이전에 한 번도 되어 본 적이 없는 사람이 되어야 한다.
- 레스 브라운

"너 돈 많냐?"

중학교에 입학해 반장이 되고 나서 얼마 후, 하굣길에 내 앞을 막아선 2학년 선배들을 만났다. 한눈에 나를 괴롭히기 위해 시비를 거는 것이라는 사실을 알 수 있었다. 당시 나는 학교에서 10킬로미터나 떨어진 시골에서 통학하고 있었는데 입학하자마자 반장으로 뽑힌 것이 화근이었다. 딱히 선거 운동 같은 것을 한 것도 아니었는데 그저 인상이 좋고 귀엽다는 이유만으로 반장이 된 것이다. 몇몇 아이들은 시골 촌놈이 어디선가 나타나 떡하니 반장 자리를 꿰찬 것이 분했던지 텃세를 부리며 나를 괴롭히기 시작했다. 특히 한 친구가 사사건건 간섭하고 시비를 거는 통에 학교 가기가 싫을 정도였다. 그런데 이 녀석이 드디어 일을 내고 말았다. 2학년 선배들을 선동해 나를 손보도록 사주한 것이다. 그 결과 나는 무척 곤란한 상황에 처하게 되었다.

"돈 없는데요."

"돈도 없는 게 반장 같은 건 왜 하고 그러냐?"

"선거에서 당선되어서 하는 거예요."

"너 뒤져서 돈 나오면 그때는 진짜 맞을 줄 알아."

"예."

나는 자신 있게 대답했다. 양말 속에 감춰 둔 얼마 안 되는 동전 두 개는 들킬 염려가 없었다.

"이 녀석, 진짜 가난한가 보네. 정말 돈이 하나도 없잖아."

"정말이라니까요, 형."

"그럼 너희 집은 대체 뭘 먹고 사나?"

"그냥 감자나 고구마도 먹고 그래요."

돈을 안 뺏기게 되어 일단 안심했지만 한편으로는 어떻게 하면 이 난감한 상황에서 벗어날 수 있을지 머릿속이 복잡했다. 호랑이 굴에 들어가도 정신만 차리면 산다고 했는데 일단 정신을 가다듬었다.

"그런데 형들 집은 어디예요?"

"이 고갯길로 가다 보면 나온다."

"우리 집 가는 방향하고 같네요. 놀다가 조금 늦게 갈 때는 무섭지 않아요? 난 무섭던데."

"무섭긴 뭐."

이런저런 이야기를 하며 걷는 동안 어느새 긴장감은 사라졌다.

"우리 집에서는 지금 거위를 키우는데요, 이 거위가 개보다 더 집을 잘 지켜요. 정말 신기하지 않아요?"

"그래? 처음 듣는 이야기네. 어떻게 집을 지키는데?"

"사람만 나타나면 무조건 머리를 땅바닥 가까이까지 낮추어서 '꽥, 꽥, 꽥' 소리를 지르며 달려와요. 그래서 처음 오는 사람들은 놀라서 도망가요."

"말도 안 돼! 웃기지 마라, 이 놈 정말 웃기네."

"정말이라니까요, 그럼 형들이 저희 집에 와서 직접 확인해 보세요."

집안 살림 이야기까지 주거니 받거니 하면서 걷다 보니 어느새 형들 집에 이르게 되었다. 형들은 나를 혼낸다는 본연의 목적을 다 잊어버렸는지 내 걱정까지 해 주면서 나를 배웅했다.

"집까지 가려면 온 만큼 가야 하는데 많이 힘들겠다. 조심해서 잘 가라. 고생하겠네."

그 이후로 선배들은 더 이상 나를 괴롭히지 않았다.

불과 14살 때 겪은 일이지만 돌이켜 보면 이때부터 나는 다른 사람의 마음을 읽는 법을 알고 있지 않았나 하는 생각이 든다. 위기 상황 속에서 당황하지 않고 상대방의 마음에서 경계심을 풀어 무장 해제시키는 것. 이것은 돈이 없는 대신 내게 주어진 선물이었다.

반면 나를 괴롭히던 친구의 해코지는 계속되었지만 시골에서도 한참 떨어진 깡촌에서 홀로 학교에 다니던 나는 별다른 대항을 하지 않았다. 더 이상 참을 수 없는 지경이 되었을 때 비로소 전학을 결심하고 부모님께 말씀드렸다. 그런데 막상 전학간다고 했을 때 뜻밖에도 나를 괴롭히던 친구가 찾아왔다. 내가 전학간다는 소식을 듣고 달려온 친구는 꽤 서운한 얼굴로 물었다.

"너 진짜 전학가냐? 혹시 나 때문에 가는 거냐?"

미안한 듯 멋쩍게 던지는 그 친구의 말을 듣고서야 어느 정도 그 친구의 진짜 마음을 알 수 있었다. 나를 정말 미워해서 괴롭힌 것은 아니었던 것이다. 친해지고 싶은 마음이 사춘기 때의 질투, 시기심과 섞이다 보니 그렇게 서투른 방법으로 표현되었던 것뿐이다. 나 역시 조금만 더 상대방의 마음을 헤아렸다면 좋은 친구가 될 수 있었을 텐데. 그때는 너무 어렸고 상대방의 진짜 마음을 헤아려 볼 아량이 부족했다. 나를 괴롭히면서 관심을 끌고자 했던 그 친구의 마음이 한참이 지나서야 보였다.

우리에게 보이는 이면의 것을 볼 줄 아는 안목이 있다면 좀 더 많은 사람과 다양한 환경을 포용할 수 있지 않을까. 우리는 보이는 것만으로 판단할 때가 많다. 하지만 보이는 것, 들리는 것 이면에는 수많은 언어가 숨어 있다. 조금만 더 상대방의 입장이 되어 본다면, 그리고 좀 더 마음을 기울여 본다면 그것을 볼 수 있고 들을 수 있는 가슴이 열린다.

긍정의 에너지를 사용하라

농협에서 조합장으로 11년 동안 일하신 아버지는 빚을 잔뜩 떠안으셨다. 비료를 살 수 없는 어려운 사람들의 비료대금 보증을 서 주고 다음 해 풍년이 되면 되돌려 받을 수 있을 것이라고 단순하게 생각하셨던 것이다. 그러나 불행하게도 몇 년 동안 흉년이 계속되었고 아버지는 결국 재산을 다 날렸을 뿐만 아니라 많은 빚까지 떠안게 되었다. 농촌 살림으로 7남매 키우기도 빠듯하셨을 텐데 빚까지 있었으니 그 이후로 부모님의 삶은 그야말로 '밑 빠진 독에 물 붓기'였다. 빚 때문에 가지고 있던 농토를 잃은 아버지는 술로 마음을 달랬고 좌절감이 깊어져 무기력증에 빠져 버리고 말았다. 그렇게 힘들어하는 부모님의 모습을 보면서 내 머릿속에서는 '어떻게 하면 빚을 다 갚을 수 있을까'라는 생각이 떠난 적이 없었다.

중학교를 졸업할 즈음, 나는 진로를 놓고 고민했다. 마음 한편으로는 인문계에 진학해 대학교를 졸업한 뒤 남들처럼 출세를 하고 싶은 생각도 있었다. 성적도 좋았기 때문에 도전해 보고 싶었지만 현실적으로 돈을 빨리 벌어야 한다는 부담감도 떨쳐버릴 수 없었다. 취업이냐 진학이냐를 놓고 고심하던 중 어느 날, 학교에서 한 친구가 내 관상을 봐 준다면서 난데없는 이야기를 했다.

"네 입술 아래 있는 점이 복점이다. 너는 은행에 들어가면 출세하겠다."

그 이야기를 듣는 순간, 어렸을 적 선생님으로부터 들었던 말이 불현듯 생각났다. 초등학교 4학년 때 담임 선생님이 가정 방문을 오신 적이 있는데 그때 아버지와 식사를 하면서 나의 진로에 관한 말씀을 하셨다. 자신의 친구 중에 은행에서 일하는 사람이 있는데 돈도 잘 벌고 전망도 좋은 것 같다면서 "희태는 성격이 참 사교적이고 적극적이에요. 은행에서 일해도 아주 잘 맞고 좋을 것 같아요."라고 하셨다. 나는 그때 처음으로 은행에 대한 이야기를 들었다.

선생님과 친구의 이야기가 연결되면서 '은행원이 되는 것이 내 운명인가?'라는 생각을 했다. 두 번씩이나 똑같은 이야기를 들은 것도 우연이 아닌 것 같았고, 당시 우리 집의 가정 형편을 생각해도 가장 최선의 길인 것 같았기 때문이다. 지금 생각해 보면 너무나 평범하고 멋없는 장래 희망이지만 가난을 벗어나는 것을 목표로 삼은 학생에게 있어 은행원이 된다는 것은 가장 합리적이고 당연한 선택처럼 여겨졌다.

그러는 중에 어느덧 진로를 결정해야 할 시간이 되었다. 선생님은 좋은 성적이 아깝다면서 인문계로 진학할 것을 권유하셨고 나도 일단 부모님께 나의 계획을 말씀드려 보기로 했다. 그러나 막상 가정 형편 때문에 얼굴에 잔주름이 잔뜩 생긴 부모님의 얼굴을 보자 고등학교 3년, 대학교 4년, 총 7년을 기다려 달라는 말이 도저히 나오지 않았다. 눈만 껌벅이며 "고등학교를 진학해야 하는데 부모님과 협의하여 결정하라고 하셨습니다."라고 말씀드렸다. 부모님은 "벌써 중학교를 졸업하게 되었구나 고생

많이 했다. 어떻게 하던지 고등학교는 가야지." 하며 긴 한숨을 내쉬셨다.

나는 인문계 고등학교를 가겠다고 이야기를 하러 왔다가 부모님을 본 뒤 마음을 바꾸었다. 하루 빨리 상업고등학교를 졸업해 은행에 들어가 우리 집안을 가난에서 벗어날 수 있도록 일으키는 것이 내 사명이라고 느꼈기 때문이다. "상업학교 가서 은행에 들어갈 때까지 3년만 도와주세요. 졸업하면 아버지의 빚은 제가 다 갚아 드릴게요."

어머니는 웃으시면서 "너는 그저 공부만 열심히 해라. 네가 아버지 빚까지 걱정할 필요는 없다. 그건 너의 아버지가 할 일이야."라고 말씀하셨다. 부모님은 벌써 부모님을 걱정하는 아들이 기특하셨던지 환하게 웃으셨는데 정말 오랜만에 본 활짝 핀 얼굴이었다.

그 뒤로 나는 상업고등학교에 진학하기 위한 본격적인 준비에 들어갔다. 3학년 여름 방학 때 나는 담임 선생님께 교무실과 사무실 청소를 할 테니 학교 숙직실에서 잠만 자게 해 달라는 부탁을 드렸다. 통학하는 데 3시간이나 걸렸던 터라 그 시간을 아끼고 싶었기 때문이다. 낮에는 교실에서 공부하고 밤에는 숙직실에서 잠을 자면서 공부하고 싶다고 사정을 말씀드리자 선생님도 허락을 해 주셨다. 덕분에 방학 동안은 학교에서 당직 선생님의 심부름을 하며 생활하면서 공부에 집중할 수 있었다.

나는 상업학교에 진학하기 위해 전주에 있는 학교를 알아 봤다. 열심히 공부한 결과 좋은 성적으로 당시 전주에서 유명하다는 전주상업고등학교에 진학할 수 있었다. 하지만 합격했다고 해서 마냥 좋아할 수만은 없었다. 등록금을 낼 형편이 안 되었던 것이다. 다행히 뜻이 있는 곳에 길이 있다는 말처럼 나는 교내 장학생으로 선정이 되었다. 그때 받은 400원 장학금은 지금의 나를 있게 한 희망의 씨앗이자 꿈의 출발점이었다.

비봉에서 전주에 있는 학교까지의 거리는 약 25킬로미터였다. 10킬로미터는 걸어가야 하고 15킬로미터는 시내버스를 타고 가야 할 만큼 통학 거리가 만만치 않았다. 게다가 빚 때문에 집안이 하루도 조용할 날이 없었던 탓에 부모님은 나를 학교 근처로 보내기로 결정하셨다. 그래서 나는 한 친구와 함께 학교 주변에서 자취를 하기 시작했다. 당시에는 먹을 게 없으니까 솥에 쌀과 보리를 몇 숟갈 넣은 뒤 물을 부어서 끓이고 밥이 되면 또 물을 많이 붓고 끓여서 퉁퉁 불린 밥으로 배를 채우곤 했다. 먹어도 먹어도 허기가 졌다. 그렇게 배를 채우다 보니 '빚을 갚아야 한다'는 꿈이 '집안을 일으켜야 한다'는 책임감으로 자라게 되었다. 다행스러운 것은 그렇게 어려운 가정 형편 속에서도 부모님에 대한 원망이나 불평을 하지 않았다는 점이다. 일부러 꾹 참은 것이 아니라 진심으로 부모님께 하루 빨리 도움이 되고 싶다는 마음뿐이었다.

어렵고 힘든 상황 속에서 오래 살다 보면 그 속에서 최선을 찾아 보려 애쓰기보다 상황을 탓하고 남을 원망하다 분노 속에서 무너져 버리는 사람들이 많이 있다. 그러나 상황을 탓하며 원망하고 불평하는 것만큼 시간과 에너지를 낭비하는 일은 없다. 불평이나 원망은 상황을 바꾸지 못하기 때문이다. 그보다는 냉철한 눈으로 자신을 바라보고 현실 속에서 가능한 한 최선의 선택을 하는 것이 지혜롭다. 하루 끼니를 걱정해야 할 만큼 넉넉하지 못한 집안 형편 속에서 내가 선택할 수 있는 최선은 상고에 진학하는 것이라고 믿었다. 그리고 내가 선택한 꿈이 환경에 의해 무참히 꺾이지 않도록 부단히 노력하고 싸워야 했다. 그것이 쉬운 일은 아니었지만 내 자신이 가련한 비극의 주인공이라고 생각해 본 적도 없었다. 때로는 너무나 복잡하게 생각하는 것이 더 힘들 때가 있다. 그냥 현실 속에서 가능한 선택들을 하고 최선을 다해 한 발 한 발 앞으로 나아가는 것. 그것이 그 당시에 내가 살았던 방식이고, 나는 그런 내가 잘했다고 믿는다.

보통 남자들은 아버지와의 사이가 서먹한 편이지만 나는 항상 아버지와 대화를 많이 나누었다. 한번 이야기를 시작하면 새벽 2-3시까지 이어지곤 했는데 오죽하면 옆에서 듣고 있던 어머니가 "부자지간에 무슨 할 이야기가 그렇게 많아요?"라고 물으실 정도였다.

주로 내가 이야기하고 아버지는 듣는 입장이었지만 나는 어떻게 해서든 아버지에게 힘을 드리고 싶어 공연히 내 자랑을 늘어놓곤 했다. 좋은 성적을 받았을 때나 선생님에게 칭찬을 들었을 때, 혹은 친구들과 있었던 일들을 자랑하면서 내 방식의 응원을 해 드렸다. '아버지에게는 이렇게 든든한 아들이 있으니 걱정 마세요. 어깨 쭉 펴세요.'라는.

당시 나는 현실적으로 아버지를 도와 드릴 수 없었기에 그렇게 내 존재로, 내 말로 아버지를 격려해 드렸다. 아버지의 굽은 어깨와 마음을 조금이나마 펴 드릴 수 있다면, 끝이 보이지 않는 절망 속에서 잠시나마 고통을 잊는 진통제라도 되어 드릴 수 있다면. 그저 그 마음뿐이었다.

사람들과의 관계, 특히 가족 관계에서 수다는 얽히고설킨 삶의 실타래를 풀어 가는 중요한 요소가 된다. 특별히 어떤 해결책을 제시하지 않더라도 이야기를 통해서 상대방을 이해할 수 있고, 소소한 일상의 교감을 통해서 보다 큰 문제들을 대처할 힘을 얻을 수 있다. 대화 속에서 이해받고 받아들여진다는 확신을 갖게 되면 어떤 난관에서도 쉽게 쓰러지지 않는다.

몇 해 전 가을, 일본 아오모리 현에 큰 태풍이 지나갔다. 이 태풍 때문에 생긴 피해로 농민들은 큰 한탄과 슬픔에 빠졌다. 일 년 내내 땀 흘려 재배한 사과가 90퍼센트나 떨어져 버렸기 때문이다. 사과를 재배해 먹고 사는 농민들로서는 큰 타격이었다. 이때 한 사람만은 "괜찮아. 괜찮아." 하며 이를 극복할 수 있는 방법을 생각하기 시작했다.

"떨어지지 않은 나머지 10퍼센트의 사과에 '절대 떨어지지 않는 사과'라는 이름을 붙여서 팔아 보자."

이 엉뚱한 발상은 생각지도 못한 결과를 낳았다. 이 '떨어지지 않는 사과'라는 이름 덕분에 수험생들에게 엄청난 인기를 끈 것이다. 사람들은 보통 사과보다 10배나 비싼 '떨어지지 않는 사과'를 앞다투어 사기 시작했고 결국 그는 큰 성공을 거두었다. 이것이 일본에서 인기를 끌고 있는 '행운의 사과'의 시초다.

이 행운의 사과처럼 나와 아버지도 나중에 큰일을 냈다. 아버지와 새벽까지 나누는 대화 속에서 꿈을 이루는 아이디어들을 구상했고 그것은 우리 가정을 빚으로부터 탈출시키는 기적을 일으켰다.

'No'로 한 단계 도약하기

고등학교를 어렵게 마치고 은행에 취직한 뒤, 나는 얼마 안 있다가 군대에 입대했다. 당시 나는 결혼한 상태였고 시력도 좋지 않아서 방위로 복무하게 되었다. 고향 면사무소에 배치받아 가서 보니까 농촌의 현실이 매우 비참했다. 사람들의 표정이나 모습이 모두 피폐해 보였는데 더 무서운 것은 자포자기한 절망적인 무거운 분위기가 마을에 가득하다는 점이었다. 내 마음에서 '농촌을 잘살게 하는 방법이 없을까?'라는 안타까운 탄식이 흘러나왔다. 아마 우리 집이 비슷한 상황에 처해 있었기 때문에 더 남의 일처럼 느껴지지 않았는지도 모른다.

어느 날 중대장이 나를 불렀다. 당시 건강이 좋지 않았던 중대장은 다짜고짜 나에게 이런 폭탄선언을 했다. "내가 지금 건강이 매우 안 좋다. 그러니 네가 내 대신 중대장 역할 좀 해라." 처음에는 그냥 농담이라고 생각했다. 하지만 중대장은 내가 평소 근무하는 모습을 보고 일을 맡겨도 될 것 같다는 판단을 했다고 한다. 게다가 훈련 기간 중에 받은 사

단장 표창 덕분에 더욱 신임을 한 것 같았다. 당황스럽기는 했지만 한편으로는 뭔가 해 볼 수 있는 일이 있지 않을까 하는 생각도 들었다.

중대장으로부터 업무를 위임받은 나는 일단 해이해진 기강부터 바로 잡아야겠다고 결심했다. 우선 잘못된 관습에서 비롯된 시스템부터 바꾸기로 했다. 예를 들어 당시에는 이사를 가게 되면 예비군 확인서를 작성해서 중대본부에 제출해야 했다. 중대본부에서 전출 도장을 찍어 주면 전입전출이 되는 것인데 이때 사람들은 도장을 빨리 받기 위해서 중대본부에 막걸리를 돌리곤 했다. 그러다 보니 사람들이 아침부터 하루 종일 술이 덜 깬 몽롱한 상태로 일하는 경우가 종종 있었다. 일을 하자는 분위기가 아니라 괜한 일은 만들지 말자는 분위기였다. 나는 이런 상황 속에서는 희망도 발전도 없다는 생각이 들어 중대원들을 모아 놓고 '잘 살기 위한 농촌 운동'을 함께 해 보자고 제안했다. 하지만 돌아온 반응은 싸늘했다.

"정말 웃기는군."

"은행에서 일하다 온 사람이 농촌에 대해서 뭘 안다고."

"세상 물정 모르는 사람이 의욕만 앞서는구먼."

사람들의 조롱을 받으면서 나는 오히려 뭔가를 보여 주어야겠다는 오기가 발동했다. 나는 당시 그 지역의 75퍼센트가 산이었던 점을 감안해 산을 이용할 수 있는 방법들을 생각했다. 그때 아버지와 함께 이 일을 의논했다. 여러 가지 아이디어를 나누던 끝에 떠오른 것이 소를 방목

해 키우는 것이었다. 하지만 소는 워낙 비싸기 때문에 처음부터 투자하기에는 다소 무리가 있었다. 그래서 대안으로 생각한 것이 흑염소였다.

여러 모로 흑염소는 쓸모가 많았다. 약으로도 쓸 수 있고 소고기같이 먹을 수도 있으며 무엇보다 새끼를 두 번 낳기 때문에 생산성이 우수했다. 나는 그날 바로 흑염소를 키우는 곳들을 방문하기 시작했다.

우리 집 뒷산이 넓어서 일단 시험적으로 그곳에 흑염소를 키우기로 했다. 흑염소들이 도망치지 못하도록 철조망을 쳐 놓고 흑염소 50마리를 방목했다. 그런데 이 흑염소들은 완전히 통제 불능이었다. 산 위에 올라가면 내려오지를 않았고 서로 뭉치지도 않아서 뿔뿔이 흩어져 다니는 것이 예사였다. 도무지 관리가 되지 않았다. 방목하면 편할 거라고 생각했는데 오히려 더 신경이 쓰였다.

그렇다고 해서 포기할 수는 없었다. 일단 시작했으니 잘해 보자 싶어서 궁리 끝에 나는 흑염소를 교육시키기로 했다. 일단 가장 앞에 있는 숫염소에게 종을 매달아 놓은 다음 '브리마'라는 대장의 칭호를 붙여 주었다. 그리고 브리마를 중심으로 다른 흑염소들이 움직이도록 훈련했다. 브리마가 고개를 움직이면 '딸랑-딸랑-딸랑' 하고 소리가 나기 때문에 흑염소들은 흩어지지 않고 브리마 주위에 모여들었다. 이렇게 뒷산에 가서 풀과 나뭇잎을 뜯어 먹다가 배가 부르면 집에 있는 막사로 돌아오도록 흑염소들을 훈련시키는 일은 쉽지 않았다. 하지만 수차례 반복하자 흑염소들은 내 의도대로 움직이기 시작했다. 나중에는 다른 동네로 이동하기 위해 도로를 지나갈 때도 일렬로 줄을 서서 갈 수 있는 정도가 되었다. 이쯤 되자 흑염소들은 사람들의 입에 오르내리며 주목을 받았다. 훈련된 흑염소들의 행진이 사람들의 이목을 끈 것이다. 나는 이 일이 아주 재미있었고 함께 참여한 가족들도 활력과 희망을 되찾게 되었다.

흑염소에 대한 소문이 퍼지면서 흑염소를 사고 싶어 하는 사람들이 나타났다. 흑염소들이 산을 타고 다니다 보니 엉덩이가 미끈미끈한 것이 힘도 세 보여서 후한 값을 받을 수 있었다. 당시 쌀 한 가마니 값과 흑염소 한 마리의 값이 같았기 때문에 나는 이 흑염소 사업이 분명 농가에도 큰 보탬이 될 거라고 확신했다. 어느덧 처음에 50마리로 시작한 흑염소가 200마리로 불어났다. 정말 신나는 경험이었다.

이 흑염소 사업은 새끼에 새끼를 쳐서 그 다음에는 소, 사슴, 그리고 꿩까지 이어졌다. 이로써 나는 농촌에서도 돈을 벌 수 있다는 사실을 입증했다. 그러나 무엇보다 큰 수확은 '할 수 있다'는 희망을 몸으로 전할 수 있었던 점이다.

이 모든 일들은 사실 아버지의 작품이었다. 처음에는 내가 시작했지만 제대 후 은행에 복귀한 뒤로는 모두 아버지의 몫이었다. 무엇보다 좋았던 것은 아버지의 변화였다. 그 전에는 늘 술을 마시면서 괴로워하고 어머니를 심하게 대하던 아버지가 흑염소를 키우는 일에 재미를 붙이게 되자 180도로 변하셨다. 하는 일에 자신감이 붙자 부부 사이도 달라지는 것이 보였다. 어머니는 틈틈이 일 나간 아버지에게 맛있는 빈대떡을 만들어 주시곤 했고 두 분은 오순도순 화목하게 지내셨다.

흑염소 사업도 아버지와의 새벽까지 이어진 대화 속에서 나온 아이디어였다. 이로 인해 도저히 갚을 엄두가 나지 않던 아버지의 빚도 조금씩이나마 갚을 수 있는 여유가 생겼다. 빚을 갚는 것도 다행이었지만 아버지가 새로운 희망을 갖게 된 것이 가장 기뻤다.

그 일이 더욱 의미가 있었던 것은 다른 사람들은 안 된다고 하는 일, 패배 의식만 가득한 곳에서 일군 성공이었기 때문이다.

아버지에 대한 사랑, 빚을 갚고 싶다는 꿈이 열정을 낳았다. 자신이 처한 환경을 객관적으로 받아들일 때, 그 현실을 바꾸고 싶은 열망이 생긴다. 사랑의 대상이 있을 때 길이 보이지 않는 곳에서도 열려 있는 길을 마음으로 볼 수 있는 안목이 생긴다.

열심히 뭔가를 시도했는데 받아들여지지 않은 적이 있는가? 그렇다면 'No'라는 대답을 "지금보다 더 창의적으로 할 수 있는가?"라는 질문으로 해석하자. 'No'를 글자 그대로 받아들이면 안 된다. 거절은 한 단계 더 도약하는 계기가 될 수 있다.

막연한 희망보다 더 중요한 것은 정확하게 현실을 인식하는 것이다. 나도 현실도피적인 꿈이 아니라 우리 가정이 처한 버거운 현실을 인식하고 받아들였을 때 비로소 정확한 길을 찾을 수 있었다. 그럴 때 'No'라는 난관은 앞으로 나아가는 발판이 될 수 있다.

스톡데일은 베트남 전쟁 때 악명 높은 하노이 힐튼 포로수용소에 갇혔던 미군 장교였다. 그는 8년 동안 감옥에서 생활하며 잘 될 거라는 믿음을 잃지 않고 어려운 현실을 직시하며 대비한 덕분에 모진 시간을 견뎌 낼 수 있었다. 하지만 포로들 가운데 곧 나갈 수 있을 거라고 믿었던 낙관주의자들은 오히려 끝까지 견디지 못하고 세상을 떠나고 말았다. 그들은 "다가오는 성탄절에는 미군이 승리해서 수용소에서 나갈 수 있을 거야." "부활절에는 반드시 고국에 돌아갈 수 있을 거야."라면서 스스로에게 그리고 주위 사람들에게 희망을 불어넣어 주었다. 하지만 아무런 일도 일어나지 않은 채 허무하게 성탄절이 지나고 부활절마저 지나가자 그들은 상심을 이기지 못하고 절망 속에 죽어갔다. 막연한 낙관주의가 빚은 비참한 결과였다.

미국의 경영학자 짐 콜린스는 위대한 기업으로 도약한 회사들에게서 이와 비슷한 공통된 특징을 찾아내 '스톡데일 패러독스'라는 이름을 붙였다.

어려움이 있어도 결국에는 우리가 성공할 수 있고 또 성공할 것이라는 흔들리지 않는 믿음을 유지해야 한다. 하지만 그와 동시에 눈앞에 있는 냉혹한 현실들을 직시할 수 있는 규율을 가져야 한다는 것이다.

에리히 프롬이 자신의 저서 『소유냐 존재냐』에 쓴 글을 음미해 볼 필요가 있다.

"무의식적으로는 절망하면서도 낙관주의의 가면을 쓰고 있는 사람들이 반드시 현명한 것은 아니다. 희망을 버리지 않는 사람의 경우, 모든 환상을 버리고 실제적인 현실주의자가 되어 어려움을 완전히 인식하였을 때 비로소 성공할 수 있다. 이러한 침착성이 눈뜬 공상가와 꿈꾸는 몽상가를 구별하는 것이다."

포기하지 않고 될 때까지

1972년 당시 신입 행원이었던 나는 회사 근처에 있는 '하동관'이라는 설렁탕집을 찾은 적이 있다. 하동관은 점심시간에는 늘 줄을 서서 기다려야 할 정도로 일대에서 꽤 유명한 식당이었다.

어느 날, 맛있게 밥을 먹고 계산을 하려는데 카운터의 금고가 눈에 띄었다. 엄청나게 쌓인 현금을 보면서 나는 '저 돈이 모두 우리 은행으로 입금되면 참 좋겠다.'라는 생각을 했다. 그러던 차에 당시 상사였던 이강수 차장님이 나를 부르시더니 하동관을 유치해 보라는 특명을 내리셨다. 이미 하동관은 다른 은행과 거래를 하고 있었지만 나는 나름의 전략을 세워 다음 날부터 바로 실행에 옮겼다.

일단 나는 매일 오전 11시 45분에 하동관을 찾아갔다. 점심시간이 시작되기 전이라 붐비지 않아 주인에게 눈도장을 찍기 가장 좋은 시간을 선택한 것이다.

"안녕하세요."

나는 하동관에 들어서자마자 우렁차게 인사했다. 주인이 인사하기 전에 미리 선수를 쳐서 강한 인상을 심어 주기 위해서였다. 처음에는 주인이 흠칫 보더니 이내 "아, 예. 어서 오십시오." 하며 반갑게 맞아 주었다. 나는 아주 맛있게 설렁탕 한 그릇을 먹은 뒤 사람들이 몰려오기 전에 자리에서 일어섰다.

"맛있게 잘 먹었습니다. 고맙습니다."

그렇게 하동관으로의 점심 출근은 시작되었다. 다음 날도 나는 어김없이 11시 45분에 하동관을 찾아갔고 전날처럼 큰소리로 주인에게 인사한 뒤 맛있게 설렁탕을 먹고 나왔다. 며칠 그렇게 하자 드디어 주인이 나를 알아보는 눈치였다. 일주일 뒤부터는 주인이 음식 값을 계산하는 나에게 이런저런 이야기를 건네기 시작했다. 그리고 갈 때마다 웃는 얼굴로 반갑게 맞아 주었다. 드디어 '관계'가 시작된 것이다.

3주째로 접어들었을 때, 주인이 내게 물었다.

"손님, 매일 저희 가게에 찾아 주시는 것은 정말 감사하지만 물리지 않으세요?"

사실은 이제 설렁탕 냄새만 맡아도 헛구역질이 나올 지경이었다. 나는 이때나 싶은 생각이 들었다.

"왜 안 물리겠어요? 저도 힘들어요."

"그런데 왜 매일 오세요? 괜찮으니까 다른 곳에 가서 식사하세요."

"아닙니다. 전 앞으로도 계속 올 계획입니다."

"아니, 무슨 이유라도 있으세요?"

드디어 기회가 찾아왔다.

"사실 저는 바로 앞에 있는 기업은행 영업부에서 일하고 있습니다. 얼마 전 저는 저희 은행과 가까운 곳에 있는 하동관이 저희와 거래를 하고 있지 않다는 사실을 알게 되었습니다. 그래서 사장님이 저희 은행과 거래하실 때까지 설렁탕을 매일 먹기로 하고 계속 찾아온 겁니다. 제가 원래 설렁탕을 좋아하는데 이것도 3주 동안 먹으니 질리네요. 하지만 여기서 그만둘 수는 없습니다."

사장님은 약간 난감해하면서도 한편으로는 빙그레 웃으셨다. 나도 그날 바로 계약을 하겠다는 것이 아니라 기업은행의 존재를 알리고자 하는 것이었기 때문에 인사를 드리고 그냥 나왔다.

다음 날도 나는 어김없이 똑같은 시간에 하동관을 찾았다. 설렁탕 생각만 해도 속이 울렁거렸지만 여기서 포기하기에는 그동안의 노력이 너무 아까웠다. 내가 또 찾아가자 사장님은 반가워하면서도 미안함을 감추지 못하셨다. 그러면서 다른 반찬 몇 가지도 함께 대접해 주었다.

그날 오후, 나는 기절할 뻔했다. 업무를 보다가 우연히 앞을 보았는데 하동관 사장님이 나를 보며 웃고 있는 것이 아닌가. 나는 얼른 사장님께 달려가 그분의 손을 잡았다.

"사장님이 여기 어쩐 일이세요?"

"오늘은 내가 이 은행의 손님으로 왔습니다. 정기 예금 하나 할 테니

계좌를 만들어 주세요."

하동관 사장님이 은행에 등장하자 나에게 '하동관 유치'라는 미션을 준 이 차장님도 깜짝 놀라셨다. 사장님은 차장님께 매일 찾아오는 나에게 감동을 받았다며 칭찬을 해 주셨다.

"선생님, 이제 설렁탕이 정말 먹고 싶을 때 찾아오세요."

그렇게 말하고 은행문을 나서는 하동관 사장님을 배웅하며 나는 그 순간, 세상을 얻은 것처럼 행복하고 뿌듯했다. 그 이후로도 사장님은 수시로 은행에 오시며 나의 실적에 많은 기여를 해 주셨다.

사회 초년병 시절, 안 될 것 같은 조건 속에서 근성 하나로 일군 성취였기에 지금도 기억에 남는다.

지배당하지 않고 다스리기

나는 입사 23년 만에 지점장이 되었다. 운 좋게도 기업은행에서 처음으로 실시한 지점장 공모에 합격한 것이다. 아슬아슬한 자격 조건을 갖고 후보 추천을 받았지만 모든 것이 순조롭게 진행된 것만은 아니었다. 특히 지점장으로 발령 결정이 난 뒤에도 나는 수많은 말을 들어야 했다.

그때 나의 약점을 덮어 준 것이 바로 영업력이었다. 그 중에서도 초등학교에 '녹색환경신탁 통장'을 하나씩 만들어 주는 아이디어로 대성공을 거둔 실적이 크게 도움이 되었다. 당시 녹색환경신탁이라는 금융 상품은 모든 사람들의 예상을 뒤엎고 엄청난 반응과 성과를 가져다 주었기 때문이다. 이 상품은 가입하면 일정 기금을 환경재단에 자동적으로 기부하는 형태의 상품이었다. 당시 기업은행은 고객의 성장을 기원하는 마음으로 녹색환경신탁 상품을 내세워 그린 마케팅을 전개하고 있었다. 특히 학생들에게는 지구의 미래를 함께 생각하고 지켜 나가자는 취지를 갖고 상품을 알리기 위해 노력했다. 그래서 나는 섭외 담당자와 함께 은행 부근에 있던 부천 남초등학교를 찾아갔다. 전에도 이 학교를 찾아왔던 섭외 담당자는 "우리 은행보다 더 가까운 곳에 있는 타 은행과 거래하고 있어서 그 학교는 어렵다."는 이야기를 했다. 하지만 나는 포기할 수 없어 일단 교장 선생님을 만나 보기로 했다.

우리가 찾아가자 교장 선생님은 시큰둥한 얼굴로 "방금 앞에 있는 은행에서 다녀갔는데요."라고 말씀하셨다. 차나 한잔 하고 가라고 하셔서 우리는 안에 들어가 환경신탁상품을 통한 저축으로 어린 학생들에게 환경운동에 대한 중요성을 일깨워 주고 저축심도 심어 줄 수 있다는 사실을 설명하며 열심히 설득했다. 하지만 돌아온 대답은 "좋은 상품입니다만 학교와 은행과의 거리가 멀어서 어려울 것 같습니다."라는 우회적인 거절이었다.

며칠 뒤 나는 학교를 다시 찾아갔다. 이번에는 교감 선생님을 만나 상품에 대해 소개했는데 그분은 진지하게 들으셨다. 그분 역시 교장 선생님과 같은 대답을 하셨지만 말씀 끝에 실마리가 되는 이야기를 꺼내셨다. "학교에서 은행을 운영하는 방법도 있기는 한데 어렵겠지요? 우리가 어렸을 때는 학교에 저축은행이 있었던 것 같은데 요즘엔 없어졌더라고요."

그 이야기를 들은 뒤 학교 저축은행에 대한 아이디어가 내 머릿속에서 떠나질 않았다. 미래의 고객을 위한 학교 저축은행. 생각만 해도 가슴이 뛰고 흥분되었다. 나는 그 길로 당장 제안서를 작성해서 학교측과 다시 면담을 했고 긍정적인 답변을 받아 냈다.

며칠 뒤, 나는 교장 선생님께도 구체적인 내용을 설명해 드렸다. 하지만 아무래도 은행이 학교를 찾아온다는 사실이 믿기지 않는 눈치였다.

"빈 교실 한 개만 내 주십시오. 그럼 은행을 옮겨 오겠습니다. 우리 은행 직원이 학교에 와서 돈을 받으면 됩니다."

"은행에서도 할 일이 많은 은행 직원이 어떻게 여기까지 올 수 있습니까?"

백번 맞는 말씀이었다. 은행 직원이 하루 종일 자리를 비울 수는 없는 노릇이었기 때문이다. 순간 새로운 아이디어가 생각났다. 각 반에서 은행 업무를 맡아서 해 줄 지점장을 뽑아서 은행이 임명해 주는 것이었다.

그러면 학생들이 일주일에 한 번 저축을 하고 은행에서 통장에 저축액을 정리해서 구분하여 각 반 지점장을 통하여 통장을 교부하면 그만이었다. 우리 직원도 일주일에 하루만 학교 저축은행에서 예금만 받아오면 되니 누이 좋고 매부 좋은 일이었다. 그러자 교장 선생님도 흔쾌히 허락을 해 주셨다.

예상했던 대로 학급당 지점장을 뽑는 아이디어는 큰 반응을 얻었다. 우리는 이왕 하는 것 제대로 하자는 생각으로 은행 업무를 보는 교실 앞에 안내 간판을 만들어 현판식을 하기로 했다. 그리고 각 반에서 지점장으로 선출된 학생들과 교장 선생님과 선생님들 그리고 은행 쪽에서는 지점장을 비롯한 직원들이 참석해 개점식도 했다. 뿐만 아니라 각 반에서 지점장으로 선출된 학생들에게도 임명장을 수여해 책임감을 가질 수 있도록 격려했다.

드디어 학교 은행이 처음 문을 여는 날, 나는 은행 교실 쪽에서부터 시작된 줄이 100미터도 넘게 늘어서 있는 것을 보고 깜짝 놀랐다. 정말 대단한 반응이었다. 그렇게 시작된 학교 은행은 1,400명에 이르는 학생들이 모두 통장을 가질 정도로 대성공을 거두었다. 이 일로 학생들은 물론 학부형, 학교, 직원들, 은행 모두 신바람이 났다.

이러한 성공에 힘입어 나는 다른 학교에서도 이러한 제도를 설명해 많은 예금을 유치할 수 있었다. 나로서는 굉장한 행운이자 기회였는데 내 삶 속에서 기회는 항상 위기라는 가면을 쓰고 다가왔다.

이상하게 내가 가는 곳마다 신설 아니면 꼴등 점포였다. 한 마디로 쉬운 곳이 없었다. 하지만 나는 그러한 사실에 불만을 품은 적이 없다. 오히려 새로 생긴 곳이니 '0'에서부터 시작할 수 있고, 꼴등이면 더 내려

갈 곳이 없으니 올라갈 일만 있다고 생각했다.

첫 지점장으로서 첫 출발을 한 곳이 평촌 지점이었다. 그 당시만 해도 평촌은 막 개발이 되고 있었기 때문에 거의 허허벌판에서 시작하는 것과 같은 수준이었다. 그야말로 모든 것을 처음부터 시작해야 하고 모든 거래 선을 새롭게 개척해야 했는데 우리는 주변의 우려를 깨끗이 씻으며 1년 만에 1등 점포로 올라서는 기염을 토했다.

누군가 나에게 그 비결이 무엇이냐고 묻는다면 나는 첫 번째로 '직원들과의 의사소통'이라고 대답할 것이다. 그들의 의견을 귀 기울여 듣고 신나게 일할 수 있는 분위기를 만드는 것이 나 혼자 열심히 하는 것보다 훨씬 더 많은 것을 이룰 수 있다고 생각했기 때문이다.

칼슨 컴퍼니스의 CEO였던 마릴린 넬슨은 처음 취임했을 때 회사의 성과 위주의 삭막한 분위기를 접하고 이를 먼저 개선하고자 했다. '서로 아끼는 칼슨'이라는 프로그램을 만들어 직원들에게 애정과 관심을 갖기 시작했으며 열정과 동기 유발을 일으키는 기술을 전파하기도 했다. 무엇보다 그는 직원들에게 진심 어린 관심을 보이면서 직원들을 직접 만나 그들의 이야기에 귀를 기울였다. 그리고 그 자신 역시 영업에도 직접 참여하기까지 했다. 그의 이러한 열성 덕분에 칼슨은 엄청난 매출 신장을 이룩했다고 한다.

나도 함께하는 사람들의 생각을 많이 듣는 것만큼 좋은 경영은 없다고 생각한다. 이를 위해 내가 세운 몇 가지 원칙들이 있다.

첫째, 귀를 아낌없이 활용한다. 개인 면담이나 이메일, 전화 등을 이용해 부하 직원이 업무상 어떤 고민을 하고 있는지, 이를 위해 도와줄 것이 있는지 듣는다.

둘째, 직원 한 명 한 명이 중요한 사람임을 느끼게 해 준다. 그 사람이 조직에서 얼마나 중요한 존재인지, 그가 하는 일이 조직을 위해 얼마나 필요한지 느끼게 해 주는 것은 굉장히 중요하다. 자신이 중요하다고 인식되는 순간부터 그 사람의 최대, 최선의 에너지가 발산되기 때문이다.

셋째, 칭찬의 힘을 믿는다. 부하 직원이 일처리를 훌륭하게 했을 경우 긍정적인 피드백을 반드시 해 준다. 부행장이 된 이후에도 나는 좋은 아이디어를 낸 행원에게 직접 전화로 격려하는 것만큼은 빼먹지 않는다. 상사의 칭찬에 직원은 크게 분발하기 때문이다.

넷째, 진정한 관심을 보인다. 일장 연설이나 잔소리는 10분이면 허공으로 사라진다. 직원들을 스스로 끊임없이 움직이게 하려면 진심으로 교감하는 것이 중요하다.

나는 이 네 가지의 원칙 덕분에 평촌 지점을 1년 만에 1등 점포로 올려놓을 수 있었고 지금까지 좋은 성과를 올릴 수 있었다고 확신한다. 직원에 대한 신뢰와 지지가 회사에 대한 충성심을 낳고, 직원의 충성심이 곧 고객의 신뢰로 이어진다는 믿음이 있었기 때문이다.

평촌에서 능력을 인정받은 뒤 가게 된 곳은 성수2가 지점으로 이곳도 당시 최하위 점포였다. 내가 처음 발령을 받아 갔을 때는 여·수신이

1,600억 원이었다. 그러나 전 직원이 힘을 합쳐 일한 결과 2년 만에 여·수신 3,200억 원을 돌파하여 또 다시 최우수 지점으로 선정되었다.

그 다음 가게 된 곳이 구로동 지점이었는데 이곳 역시 만만치 않았다. 구로동 지점은 당시 서울에서 제일 큰 점포여서 사정을 모르는 사람들은 잘 되었다고 축하해 주었지만 실상 내막을 아는 사람들은 "고생하겠다."면서 위로할 정도로 사정이 좋지 않았다. 한때는 4,700억 원이었던 여·수신이 2,800억 원까지 떨어져 버렸으니 당연한 반응이었다. 거래 기업의 상당수가 다른 지점에 이관되기도 하고 지점 관할 출장소가 지점으로 승격되어 분리, 독립되는 바람에 그렇다고는 하지만 이미 최하위 평가를 받은 직원들은 사기가 바닥에 떨어진 상황이었다. 나는 제일 첫 번째로 그들에게 꿈을 심어 주기로 했다.

"지금 여러분이 힘들다는 것을 압니다. 하지만 이제 힘을 모아서 우리 지점의 영업 실적을 1년 안에 여·수신 5천억 원으로 올려놓읍시다."

말을 마치고 직원들의 얼굴을 보니 모두 심드렁한 표정이었다. 새로 부임한 지점장이 통과 의례처럼 발표하는 형식적인 비전 선포 정도로 치부하는 것 같았다. 나도 굽히지 않았다.

"아닙니다. 우리는 할 수 있습니다. 됩니다. 되는지 안 되는지 같이 해 봅시다."

일단 선포를 했으니 그 다음은 책임을 져야 했다. 나는 우선 직원들의 업무 스타일부터 개선하기로 했다. 그들이 새로운 도전 정신과 열정을 갖고 일할 수 있도록 하는 것이 급선무였다. 나는 30여 명의 직원들에게 권한과 책임을 적절히 위임해 자기의 역량을 최대한 발휘할 수 있도록 시스템화하는 데 역점을 두었다. 즉 직원들이 대출 상담을 한 뒤에 내게 상담표를 주고 내가 내용을 검토하여 결재하면 상담이 이루어진 것으로 간주했다. 대출을 신속히 진행하는 방향으로 담당 직원에게 책임과 권한을 적절히 이양한 것이다. 또 필요한 때에는 나와 담당 직원이 함께 기업 현장을 방문하는 등 적극적이고 신속하게 현장 위주의 경영을 하는데 주력했다.

"그대로 이행하되 만일 점검이 필요한 때는 언제든지 저와 협의해 주시기 바랍니다. 고객에게는 최고의 서비스를 제공하고 심사는 철저히 해 주십시오. 가장 중요한 것은 신속한 의사결정과 진행입니다. 최선을 다해 컨설팅 역할까지 하는 것을 잊지 마십시오. 그리고 철저하게 현장 중심으로 움직이십시오. 찾아가서 고객에게 힘을 실어 드리고 좋은 관계를 지속적으로 유지하도록 하십시오. 지점장인 제가 혼자 모든 고객을 만날 수 없으니 여러분이 그 역할을 잘 해 주시기 바랍니다. 저도 여러분의 의견을 더욱 귀 기울여 듣고 지원하도록 하겠습니다."

당시로서는 파격적인 업무 분장이었다. 나로서도 모험이기는 했지만 직원들이 직접 대출을 심사하고 결정한다면 훨씬 더 책임감을 가지고 신나게 일할 수 있을 뿐만 아니라 당연히 생산성도 올라갈 것이라고 믿었다. 고객의 입장에서도 번거로운 절차를 거치지 않아도 되고 기다리지 않아도 되니 일석이조인 셈이었다. 그러자 직원들은 열심히 영업을 해 주었고 고객들도 믿을 수 없었던지 놀라서 나를 찾아오기도 했다.

"유 지점장님, 내가 ○○○대리하고 상의했는데 그 대리가 10억을 대출해 줄 수 있다고 합니다. 이 말을 믿어도 되는 겁니까?"

"맞습니다. 제가 상담표를 보고 결재했습니다. 좋은 사업이시니 빨리 진행하십시오."

직원에게 지점장 권한을 준 아이디어는 대성공을 거두었다. 그렇게 직원 전체가 움직이다 보니 소문은 일파만파로 퍼졌다. 그 일대 사람들 사이에 "기업은행에 가면 된다."라는 의식이 생긴 것이다. 당연히 우리는 애초 목표로 삼았던 5천억 원을 1년 만에 달성했다. 그렇게 되자 직원들의 사기는 하늘을 찌를 듯했다.

미국의 호텔 체인 리츠 칼튼에서도 이와 비슷한 사례가 있다. 리츠 칼튼 호텔은 직원 1인당 2천 달러의 비용을 재량껏 집행할 수 있는 권리를 준다. 이에 대해서는 상사에게 별도의 보고조차 하지 않아도 된다. 단, 이 돈은 고객의 불편을 해결하는 경우에만 사용할 수 있다.

예를 들어 호텔측의 실수로 투숙 중인 고객의 가방을 잃어버리거나 접대를 하다가 손님의 옷에 음료수를 쏟는 경우가 생길 수 있다. 이때 상사의 질책을 받을까 두려워서 대충 무마하거나 허둥지둥하다가 고객에게 불쾌함을 줄 수도 있는데 이런 사태를 방지하기 위해 1인당 2천 달러의 한도 내에서 직원이 재량껏 보상해 줄 수 있도록 한 것이다. 질 높은 서비스의 기본은 고객을 대할 때 작은 실수조차 하지 않는 것이다. 하지만 어쩔 수 없이 실수를 저질렀다면 발 빠르게 대응하는 것이 최선이라는 경영 원칙에서 비롯된 서비스 전략이다. 그 결과 리츠 칼튼은 좋은 성과와 평가를 받고 있다.

실무를 보는 사람들에게 그에 합당한 권한과 권리를 주는 것은 굉장한 변화를 일으킬 수 있다. 많은 회사에서 직원들에게 책임 의식과 주인 의식을 가지라고 말하지만 그런 보이지 않는 가치들은 위에서 아무리 떠들어도 억지로 심어 줄 수 없는 것이다. 자신이 속한 조직에 아무런 변화를 일으킬 힘이 없다면 직원은 주어진 시간만큼만 일하는 고용인일 수밖에 없기 때문이다.

나는 적절한 권위 부여는 조직의 업무 효율을 높이고 능동적인 업무 추진을 돕는다고 확신한다. 그러나 여기에는 항상 '신뢰'라는 암묵적인 합의가 필요하다. 즉 리츠 칼튼의 경우만 하더라도 경영자는 직원들이 2천 달러라는 돈을 헛되이 쓰지 않을 것이라는 믿음이 있어야 하며, 직원들에게는 경영자의 신뢰를 배반하지 않겠다는 마음가짐이 필요하다. 신뢰가 바탕이 된 권위 부여는 직원에게 책임감을 요구할 수 있고, 고객들에게는 더 큰 만족을 줄 수 있다. 나는 직원들이 자신에게 맡겨진 책임을 잘 수행할 것이라고 믿었고, 직원들 역시 그러한 나의 기대에 부응해 각자의 책임을 잘 수행해 주었기에 좋은 성과를 이룰 수 있었다고 확신한다. 정말 모두에게 신바람 나는 경험이었다.

5천억 원을 달성함으로써 '꿈은 이루어진다'는 사실을 경험한 우리는 이를 기념하는 감사 행사를 열었다. 구로동에서 우리 은행과 거래하던 17여 개 상장회사 사장들을 비롯한 주요 기업체 대표들이 거의 다 모인 꽤 큰 행사였다.

　그날 오신 고객들을 소개하는 시간이었다. 나는 150여 명이나 되는 고객들의 이름을 한 분 한 분 외워서 소개하기 시작했다. 그 자리에 참석한 회사 임원들은 "얼마나 찾아갔으면 이름을 다 외울 정도냐?"라며 꽤 충격을 받았다고 말씀하셨다. 현장 중심의 영업이 얼마나 중요한가를 새삼 실감하셨다고 했지만 실상 내 목표는 그때부터 시작되었다. 나는 그 자리에서 모인 고객들에게 나의 다음 목표를 말씀드리고 겸손하게 도움을 요청했다.

　"여러분 덕분에 우리 점포가 여·수신 5천억 원을 달성할 수 있었습니다. 정말 감사합니다. 내년에는 타 은행과 복수거래하시는 사장님들이 저희 지점을 전속 거래해 주셔서 8천억 원이 되게 도와주십시오."

　이번에도 다들 혀를 내둘렀지만 결국 이 꿈은 정확히 1년 후에 또다시 이루어졌다.

　2년 만에 믿을 수 없는 성장을 하자, 한 점포가 1년 동안 100퍼센트씩 성장하는 것이 의심스럽다면서 특별감사가 이루어졌다. 무언가 편법을 쓰는 것이 아닌가 하는 눈치였다. 기분 좋은 의심이었다. 잘못한 것이 없으니 거리낄 것도, 두려울 것도 없었다. 감독원으로부터 감사를 5일

동안 받으면서 나는 업무 신장 1위를 한 비결을 그들에게 알려 주었다.

"내가 영업하는 방법을 알려면 앉아서 서류만 봐서는 안 됩니다. 갑시다."

그 길로 나는 그분들을 모시고 거래처 6군데를 찾아 방문하였다. 직접 현장을 보고 난 뒤 그분들은 고개를 끄덕일 수밖에 없었다. 아파트형 공장에 들어서자 그 안에 노동자로부터 시작해서 박사까지 다양한 사람들이 일하고 있었다. 어느 회사는 직원만 해도 50-70명 정도로 무시할 수 없는 숫자였다. 그분들은 이런 현장을 처음 접했다면서 높은 신장률이 바로 현장 경험에 있음을 인정하고 단 하나의 지적 사항 없이 감사를 종결했다.

가정이든, 군대든, 직장이든 내게 처음부터 순탄한 곳은 없었다. 시작은 늘 척박했다. 내 손에 들린 것은 아무것도 없었지만 마음만은 늘 긍정적인 태도를 가지려고 노력했다. 그 긍정의 에너지가 좋은 아이디어를 만들었다고 나는 확신한다.

나는 어떤 문제에 부딪히면 '왜 이런 일이 나에게 생겼을까?' 하고 불평하지 않았다. 오히려 하나님께서 나에게 무언가를 주기 위해 준비하고 계신다고 생각했다. 그렇게 생각한 다음 방법을 찾기 시작했다. 인생은 산을 넘고 또 산을 넘는 과정이다. 작은 산을 넘으면 그 다음에는 조금 더 큰 산을 넘을 수 있게 된다. 마찬가지로 어려움을 극복하면 내 용량은 더욱 커지게 마련이다. 불평하면서 작아질 것인지 극복하면서

커질 것인지는 순전히 나의 선택에 달려 있다.

사랑하면 에너지가 샘솟는다. 그래서 사랑하면 아이디어가 생긴다. 나는 가난한 환경을 주신 부모님을 원망하기보다 그분들을 돕고 싶었다. 그러자 그분들의 어깨를 누르고 있던 '빚'이라는 짐을 덜 수 있었다.

나는 비록 월급쟁이지만 5천억, 8천억짜리 내 지점, 내 기업을 경영하고 있다는 마음을 한 번도 저버린 적이 없다. 덕분에 발령받아 가는 곳마다 1등으로 올라섰다.

좋지 않은 환경은 좌절이나 포기로 나를 주저앉게 하지 못했다. 나는 그러한 것들에 굴복하기보다 그것을 딛고 일어서는 쪽을 선택했다. 그리고 그 속에서 새로운 목표와 비전을 발견했고 그 비전을 이루며 지금까지 왔다.

'어떤 환경인가' 하는 점은 내게 더 이상 중요하지 않다. 어떤 환경도 마음에 따라 정복하고 다스릴 수 있기 때문이다.

환경을 받아들이는 how-to

1. 불평·원망하는 것은 자동차 공회전을 하는 것과 같다. 쓸데없는 데 연료를 낭비하는 것보다 상황을 바꿀 수 있는 꿈을 꾸는 것이 훨씬 생산적이다.

2. 핑계를 대지 마라. 핑계는 실패나 실수의 책임을 지지 않으려는 비겁함에서 나오는 것이다. 닫힌 문 앞에 서서 좌절하느니 열린 문을 찾아 나서는 것이 바람직하다. 열린 문이 없다면 마음으로 문을 그리고, 새로운 문을 만들어라. 그렇게 가다 보면 당신이 지나온 그곳이 다른 사람들에게 문이 될 것이다.

3. 항상 '좋은 쪽'을 선택하라. 우리 삶은 선택의 연속이다. 어떤 선택을 하느냐에 따라 미래가 결정된다. 부정을 거부하고 긍정을 선택하라.

4. 'No'라는 대답이 와도 좌절할 필요가 없다. 오히려 "지금보다 더 창의적으로 할 수 있는가?"라는 질문으로 받아들여라. 거절은 당신이 한 단계 더 도약하는 계기가 될 수 있다.

5. 환경에 압도당하지 말고 지배하는 주체가 되어라. 어려움이 왔을 때 그것에 압도당하면 그 어려움의 종이 될 수밖에 없다. 주인이 되어 환경을 지배하고 불리한 여건을 변화시켜라.

6. 생각의 전환이 필요하다. 아무것도 없는가? 그렇다면 '0'에서부터 시작하는 것이니 앞으로는 쌓을 일만 있는 것이다. 꼴등이라면 더 내려갈 곳이 없으니 올라갈 일만 있는 것이다.

capacity | vision

2장 | 일상 속에는 수많은 보물들이 숨겨져 있다

미래의 행복을 저축하는 가장 좋은 방법은,
오늘 가능한 대로 행복을 누리는 것이다.
- 찰스 W. 엘리엇

오늘날 미국에는 '프레드 상'이라는 것이 있다. 이 상은 실제 우체부였던 프레드를 기념하기 위해 시작되었다.

책으로도 소개된 그에 관한 이야기를 읽고 나는 큰 감명을 받았다. 실화이기도 하지만 힘들고 고달프게 생각할 수 있는 일들을 고객에게 감동과 즐거움을 주는 일로 바꾼 그의 패러다임은 나에게도 던져 주는 메시지가 컸다. 한 걸음 더 나아가 스스로 행복하게 하는 프레드를 보며 많은 도전을 받았다. 그리고 '나도 할 수 있는 일이 얼마든지 있다. 각자가 처한 환경과 형편이 다르더라도 일상을 행복하고 특별한 날로 만들 수 있다'고 확신하며 실천하기 위해 무던히 애를 썼다. 오늘이 있기까지 어쩌면 그런 우체부 프레드의 자세는 내게 큰 도전과 에너지가 되었는지도 모른다.

2장. 일상 속에는 수많은 보물들이 숨겨져 있다 53

많은 우체부들이 우편물을 배달한다. 그 중에는 자기의 일이기 때문에 우편물을 기계처럼 배달하는 사람이 있는가 하면, 자신에게 할 일이 있다는 것, 이 편지를 보내고 가슴 설레며 받을 사람이 있다는 사실을 즐기면서 배달하는 사람이 있다.

프레드는 우편물을 배달하는 평범한 일을 애정 어린 마음과 사명감으로 해냄으로써 일로 자신의 삶을 풍요롭게 만들었다. 이건 그만의 특별한 비법이 아니다. 오늘이라는 제한된 시간 안에 누구라도 마음먹으면 실천 가능한 일이다. 이런 게 바로 소명이 아닐까. 자신에게 주어진 일로 이웃을 기쁘게 하고 이 일을 주신 모든 이에게 감사하며 날마다 하루하루 살아 있음에 행복해하는 일말이다.

프레드는 '감사함'으로 지극히 평범하고 단조로운 우편배달 업무를 매우 특별하게 만들었다. 지금 미국의 기업들은 직원들에게 포상하는 한 방법으로 '프레드 상'을 수여하고 있다. 직원들은 이 상을 가장 큰 영광으로 여긴다고 한다. 그 이유는 프레드라는 인물이 갖고 있는 가치 때문이다. 우리도 프레드의 정신을 가지고 일한다면 높은 성과와 성공을 이루고 삶도 풍요로워질 것이다.

나는 지난 수십 년간 많은 사람들을 상대하면서 두 부류의 사람이 있다는 사실을 알게 되었다. 먼저, 직업 때문에 빛나는 사람들이다. 이런 사람들의 경우 이름은 몰라도 그 직함만으로도 많은 이들이 알아 주고 만남을 갖고자 애쓴다.

다른 부류는 그 사람이 하는 일이기에 빛나는 직업으로 인정을 받는 경우다. 같은 직업을 갖고 있어도 결코 같은 취급을 받지 않는다. 그것은 순전히 그 사람의 자세와 태도, 성과에 따른 것이기 때문이다.

언젠가 미국의 유명한 마틴 루터 킹 목사가 새벽기도를 끝내고 뉴욕 센트럴파크를 지나게 되었다고 한다. 그때 저편에서 "누가 이렇게 휴지를 많이 버린 거야!" 하면서 욕을 하는 청소부를 만났다. 이를 듣던 킹 목사는 그에게 다가가 이렇게 말했다.

"당신의 손길로 하나님이 지으신 이 땅의 일부가 깨끗해지고 있다고 생각해 보세요. 당신이 하는 일이 얼마나 귀한 일인지 느껴지지 않습니까?"

앞쪽에는 머리카락이 있고 뒤쪽에는 없기 때문에 지나가면 잡을 수 없는 것이 무엇일까? 바로 '기회'다.

기회는 일상 속에 숨어 있다가 예고 없이 찾아온다. 뜻하지 않은 인연을 통해서 오기도 한다. 나 역시 내 삶을 돌아볼 때 사소하게 생각했던 만남이 나중에 큰 도움을 주는 인연으로 작용하는 경우가 많았다.

밝은 얼굴이 밝은 운명을 만든다

1972년 신입 행원으로 본점 영업부에 초임 발령을 받아 근무하던 중 유기선 차장님과 함께 식사를 하게 되었다. 신입 행원인 나에게 차장님은 하늘과 같은 존재였기에 "점심 식사 같이 합시다!"라는 제안이 그저 감사하기만 했다. 유 차장님은 도시락을 싸오셨는데 아주 조심스럽게 식사를 하고 난 뒤에 약을 드셨다.

"속이 불편하세요?"

"만성 위장병으로 고생하고 있어요. 유 군은 정말 밥을 맛있게 먹는군요. 맛있게 먹는 모습에 나도 모처럼 맛있게 먹었습니다."

다음 날 아침 유 차장님은 또 다시 내게 점심을 같이 하자고 하셨다.

"오늘도 점심을 같이 했으면 하는데 시간 어떤가요? 그리고 유 군이 괜찮다면 당분간 함께 점심을 먹었으면 하는데요."

"알겠습니다."

왜 나를 점심 식사 파트너로 청하는지 어리둥절했지만 나로서는 영광이었다. 그래서 나는 당시 도시락을 배달해 주는 분에게 부탁해 점심시간마다 유 차장님과 함께 도시락을 사서 먹었다. 식당으로 가지 않고 영업부 내의 서고에서 식사를 했는데 며칠이 지난 뒤 유 차장님이 뜻밖의 이야기를 하셨다.

"내가 오늘부터 위장병 약을 안 먹게 되었어요. 유 군을 보면서 식사를 하다 보니 이상하게도 위가 편해지더라고요. 그래서 이제부터 약을 안 먹으려고 합니다. 오랫동안 약을 먹었더니 아주 지겹거든요."

나는 "고맙습니다."라고 인사하면서도 어떻게 나와 함께 식사한 것만으로 위장병이 치료되었을까 하는 의구심이 들었다. 한편으로는 매일 함께 식사하자고 한 것이 미안해서 괜히 하시는 이야기일 것이라고 생각했다. 그런데 정말 그 이후로 유 차장님은 위장병 약을 완전히 끊으셨다. 그 뒤로도 나는 얼마 동안 유 차장님과 함께 점심 식사를 했다. 점점 상태가 호전되자 차장님의 얼굴에서는 수심이 사라지고 얼굴색도 환해졌다. 그 모습을 보고 나도 깜짝 놀랐다. 단지 밝은 표정으로 함께 식사를 한 것뿐인데 그 때문에 다른 사람의 병이 치유될 수 있다니! 생각해 보니 그 원인을 알 수 있었다.

어렸을 때부터 찢어지게 가난했던 탓에 나는 밥에 대한 애착이 있다. 밥을 먹는다는 사실 하나만으로도 세상을 얻은 것처럼 행복해하고 감사한다. 그런 마음이 몸에 배어 있으니 당연히 같이 식사를 하는 사람에게도 자연스럽게 전해졌을 것이다.

나를 사랑하면, 또 감사하는 마음이 있으면 좋은 표정과 기운이 흘러나오게 마련이다. 얼굴이 밝고 마음이 밝으면 운명을 밝게 만들 수 있다. 그래서 나는 항상 웃는 내 모습에 자부심을 갖는다.

맛있게 밥을 먹는다거나, 밝은 표정을 짓는다는 것은 지극히 작은 일이며, 대수롭지 않게 넘어갈 수 있다. 하지만 이 작은 일상의 일들이 때로는 큰일을 이룬다.

〈스티어 크레이지〉란 영화를 인상 깊게 본 적이 있다. 나는 그 영화에서 진 와일더가 연기한 스킵이라는 인물이 매우 마음에 들었다.

스킵과 그의 친구 해리는 다른 사람의 죄를 억울하게 뒤집어쓰고 감옥살이를 한다. 감옥에서의 생활은 쉽지 않았다. 간수와 다른 죄수들이 스킵과 해리를 길들이려고 할 때 해리는 재빨리 그들의 비위를 맞추며 살아남기 위해 안간힘을 썼다. 반면 스킵은 어떤 상황에서도 행복할 수 있는 방법을 찾아 내곤 했다. 하지만 그의 그런 긍정적이고 명랑한 성격 때문에 다른 사람들의 눈밖에 나고 말았다.

간수들은 며칠 동안 스킵을 캄캄한 지하 감옥에 매달아 놓았다. 그들은 스킵이 고통에 못 이겨 살려 달라고 애원할 때를 기다렸지만 오히려 스킵은 미소를 지으며 "고맙습니다. 덕분에 오랫동안 나를 괴롭히던 허리 통증이 없어졌어요."라고 소리쳤다.

약이 오른 간수들은 스킵을 뙤약볕 아래서 뜨겁게 달궈진 상자 속에 가두었다. 이번에야말로 스킵이 완전히 탈진하여 코가 납작해질 것을 기대했지만 5일 후에 상자에서 나온 스킵은 여전히 밝은 얼굴로 말했다. "제발 하루만 더 있게 해 주세요. 이제 겨우 내 자신을 되돌아보기 시작했는걸요."

마지막으로 간수들은 최악의 방법을 시도했다. 그 감옥에서 가장 악명 높은 살인범 그로스버거의 감방 안에 스킵을 집어넣은 것이다. 그와 한 방에서 지낸다는 것은 일종의 '사망 선고'와 다름없는 일이었기에 간수들은 회심의 미소를 지었다.

다음 날 간수들은 믿을 수 없는 장면을 목격했다. 스킵과 그로스버거가 함께 카드놀이를 하면서 웃고 있는 것이었다. 게다가 서로의 어깨까지 두들겨 주면서.

스킵은 결코 불행을 인정하지 않고, 주변의 모든 사람을 자신의 행복한 세계로 초대했다.

우리도 그럴 수 있다. 불행을 거부하고, 자신의 행복한 세계로 다른 사람을 초청할 수 있다. 링컨의 말을 기억할 필요가 있다. "대다수의 사람들은 자신들이 결심한 만큼 행복해진다."

기적을 만드는 작은 친절

기업은행에서 처음으로 실시한 공모 지점장 1호가 된 나는 그것이 단순히 좋은 운이 따랐기 때문이라고 생각하지 않는다. 당시 나는 지점장 후보 자격을 갖춘 상태가 아니었다. 그간에는 서열이 기준이 되어 지점장 발령을 냈지만 평촌 지점 개점을 앞두고 허허벌판인 주위 환경을 고려해 영업력이 강화되어야 한다는 의견이 나왔다. 이에 대한 첫 번째 대안이 경쟁 은행을 앞설 수 있는 영업력 강한 지점장을 선발하는 것이었다. 이를 위해 서열에 관계없이 적임자를 공개적으로 추천받아 경쟁하도록 한 다음 선정하는 제도가 처음으로 신설된 것이었다.

나는 1995년 2월에 2급으로 승진했다. 공모 자격이 2급 이상으로 응시 자격은 갖추었지만 승진한 것이 불과 몇 개월 전이기 때문에 감히 도전할 생각조차 하지 못했다. 그러나 다른 때와는 예외적으로 평촌 지점의 지점장을 추천할 때는 과거에 함께 근무했던 사람이 아니라도 적임자라고 생각되는 사람은 어느 지점 직원이든지 추천해도 좋다는 공문이 내려왔다.

나는 그때 부천 지점에서 차장으로 근무하고 있었다. 어느 날 용산 지점에서 일할 때 지점장으로 계셨던 당시 구로동 지점의 이성호 지점장님에게서 갑자기 전화가 왔다. 지점장을 공모한다는 문서를 읽는 순간 내 얼굴이 떠오르면서 적임자라고 생각되어 추천하였다는 것이다. 나는 앞으로 3-4년은 차장으로 일하면서 실적을 잘 쌓으면 지점장으로 승진할 수 있을 것이라고 생각했다. 그런데 갑자기 지점장을 향한 도전이 코앞에 다가오자 흥분이 되면서도 한편으로는 실현 불가능한 이야기처럼 여겨지기도 했다. 그러던 차에 동대문 지점에서 함께 일했던 박 양 지점장님과 당시 내가 일하고 있던 부천 지점의 김영규 지점장님도 한 번 도전해 보라며 격려해 주시면서 추천서를 직접 써 주셨다.

공모 지점장이 되는 것은 차치하고라도 최근에 함께 일했던 여러 지점장님의 성원과 격려에 정말 감사했다. 그 덕분에 나는 내 자신을 돌아볼 수도 있었고 상사로부터 많은 사랑과 신뢰를 받고 있다는 사실에 무척 행복했다. 그러나 뜻밖의 곳에서 암초에 부딪히고 말았다. 다른 지점장의 추천을 받은 본부장님이 다른 사람을 적임자라고 판단하여 이미 인사부에 추천을 완료했다는 것이다. 이미 한 번 추천했기 때문에 또 다시 다른 사람을 추천하기는 곤란하다고 했다.

"이 사람아, 당신은 안 돼. 내가 이미 딴 사람을 추천해서 다 끝났어."

그 이야기를 듣는 순간 추천인은 '지점장'이어야 한다는 사실이 생각났다.

"본부장님, 후보는 지점장이 추천하게 되어 있는데 어떻게 본부장님께서 추천서를 쓰셨습니까?"

"같은 지역 본부에 있는 지점장이 추천하러 와서 내가 추천서를 만들어 본부에 보냈네. 그 사람은 나이도 많고 평촌 지역을 잘 알고 있어서 적임자라고 판단했네."

순간 나는 '다 끝났구나.' 하는 생각이 들었다. 그렇다 하더라도 이미 3명의 지점장이 추천했으니 신설 지점의 경영 계획서를 간단히 작성하여 제출하고 거의 포기하다시피 하며 잊고 지냈다. 그런데 어느 날 갑자기 연락이 왔다. 내가 평촌 지점장으로 선정되었다는 것이다. 어떻게 된 일인지 궁금했는데 나중에 들려온 이야기가 재미있었다.

임원들이 회의하는 자리에서 학교 은행 이야기가 나왔다고 한다. 녹색환경운동 신탁 상품을 학교에 런칭한 아이디어는 큰 호응을 얻어서 은행에서는 2천만 원의 예산을 들여 비디오를 제작해 전 지점에 배부할 정도였다. 임원들은 그 자리에서 우연히 학교 은행이 좋은 아이디어였다는 이야기를 꺼냈고 자연스럽게 "그게 누구의 아이디어지?"라는 질문이 나오면서 내 이름이 거론되었다고 한다.

그때 그 자리에서 실무책임을 맡아 심사하던 위원들 중에 박일책 인사부장님이 계셨다. 내가 처음 그분을 만난 것은 본점 영업부에 근무할 때 함께 당직으로 야간 근무를 하면서였다. 그분은 당직 책임자였고 나는 행원으로 보조 역할을 하면서 새벽까지 이야기를 나눈 적이 있다. 그때 나는 여태까지 고생하며 공부한 이야기, 가족들 이야기를 했는데 그분은 진지한 얼굴로 귀담아 들으셨다. 아마 그때 나를 달리 보신 것 같다. 한 번도 함께 근무한 적이 없고 단지 숙직을 하면서 알게 되었지만 나는 그 뒤로 어디서든지 그분을 만나면 먼저 달려가 인사를 드리곤 했다. 그분 역시 항상 밝은 얼굴로 인사를 받아 주시며 "자네는 늘 즐거워 보이는 군." 하면서 격려해 주셨다. 그런데 그분이 공모 지점장을 심사하는 자리에서 실무 책임자로서 나에 대한 긍정적인 평가를 해 주신 것이다.

인사위원회에서 심의를 통하여 내가 지점장으로 선발되었다는 소식을 듣고 무척 기뻤지만 나중에 이루어진 일들을 들으며 더 감사하고 흥분되었다. 모든 게 기적 같았다. 뜻하지 않은 행운이었다. 보이지 않는 하나님의 손길이 인도해 주신다는 느낌을 지울 수가 없었.

일을 하다 보면 그 당시에는 크게 관계가 없어 보이는 만남이나 사소한 일들이 있다. 하지만 그때 나는 작은 일, 작은 만남이 때로는 미래를 여는 중요한 열쇠가 될 수도 있다는 사실을 깨달았다.

찰리 채플린의 이야기를 알고 있는가? 젊은 시절, 찰리 채플린은 철공소에서 일했다. 하루는 밥 먹을 시간도 없을 정도로 일이 무척 많았는데, 사장이 채플린에게 "빵 좀 사다 달라."는 부탁을 했다. 잠시 뒤 빵을 사러 밖에 나갔다 온 채플린은 사장에게 봉투를 내밀었다. 그런데 봉투 안에는 빵과 함께 와인 한 병이 들어 있었다.

"여보게, 이게 웬 건가?" 그러자 채플린이 말했다. "사장님께서 일이 끝난 다음에, 언제나 와인을 드시면서 행복해하는 모습을 봤습니다. 그런데 마침 와인이 떨어진 것 같아 사 왔습니다."

이후 사장은 채플린의 월급을 올려 주었을 뿐만 아니라 전과는 완전히 다른 태도로 그를 대했다.

남들은 그냥 지나친 것들을 세심히 살피고 필요를 채우는 데 성실했던 채플린. 철공소 직원에서 세계적인 대배우로 성장하기까지는 그의 이런 남다른 태도가 한몫 했을 것이다.

귀찮다고 생각하는 일, 중요하지 않다고 생각되는 만남. 혹시 그런 것들이 성가시다고 느껴지는가. 그렇다면 그 일, 그 만남이 당신의 미래와 연결되어 있다고 생각해 보자. 그렇다면 하룻동안 소홀히 대할 수 있는 시간이 얼마 없을 것이다. 진심을 다한 최선은 나중에 기회라는 선물로 부메랑처럼 자신에게 돌아온다.

행복과 성공 에너지의 원천은 가정

일찍 출근하는 것 이외에 내가 꾸준히 하는 자기관리가 있다면 바로 밤 운동이다. 퇴근해서 밤늦게 집에 들어오면 나는 얼른 옷을 갈아입고 근처에 있는 학교 운동장으로 향한다.

30-40분 정도를 빠르게 걸으며 땀을 빼는데 특별한 일이 없는 한 이 운동을 매일 한다. 내게 있어서 이 짧은 시간은 육체적, 정신적 에너지를 재충전하는 시간이다. 운동을 하니 건강해지는 것은 물론이고, 아내와 함께 걸으면서 대화하는 동안 정서적 필요를 채울 수 있기 때문이다.

우리 집 쌍둥이들은 7시쯤 잠자리에 들기 때문에 이 시간만큼은 우리 부부만의 것이다. 나는 이때 아내로부터 하룻동안 있었던 일들을 듣기도 하고, 나 역시 아내에게 인생의 꿈들을 의논하곤 한다. 특히 나는 이때 아내의 말을 많이 들으려 노력한다. 아이들과 하루 종일 씨름하는 아내가 스트레스나 어려움을 나름대로 해소할 수 있게 해 주고 싶어서다.

몇 년 전 입양된 아이들은 이제는 정말 우리를 친부모처럼 따르고 거리낌없이 애정을 표현한다. 하지만 가끔씩 스트레스를 받을 때면 영아원에서 생활할 때의 불안한 모습을 보여서 우리를 긴장시키곤 했다. 얼마 전 아내는 이 때문에 매우 실망한 기색이었다. 우리는 함께 운동장을 돌면서 이런저런 이야기를 나누었다.

"정성을 많이 들이는데도 어느 날 갑자기 제자리로 돌아가 버린 듯

한 아이들을 보면 힘이 빠져요. 얼마나 더 노력해야 할까요."

"그랬군. 당신 정말 기운이 빠졌겠다. 혼자 쌍둥이 키우는 것도 힘든데 이 녀석들이 엄마 공도 모르고 아직도 철부지니. 그런데 여보, 그 녀석들이 우리 집에 처음 왔을 때를 한번 생각해 봐. 기억 나?"

"그럼요."

"그때 아이들은 몇 점이었을까?"

"한 10점쯤이요?"

"맞아. 그런데 지금은 못해도 70-80점은 되잖아."

"그렇긴 하지요."

"그게 다 당신이 마음으로 키워서 그렇게 된 거야. 앞으로는 더 좋아질 거야."

이렇게 이야기를 하다 보면 아내는 이내 근심을 털어 버린다. 힘들긴 하지만, 그것을 혼자 감내하는 것이 아니라는 것을 알기 때문일 것이다. 사실 바쁜 사회생활 때문에 나는 젊지 않은 나이에 쌍둥이를 키우는 아내를 그리 많이 도와주지는 못한다. 하지만 아내는 남편이 자신의 수고와 어려움을 이해하고 있으며 내가 언제나 자신을 응원하고 있다는 사실만으로도 힘을 얻는다.

나는 하루 일과 가운데 부부간의 대화가 무엇보다 중요하다고 생각한다. 특히 아내는 여자이기 때문에 깨지기 쉬운 질그릇과 같다. 조심스럽게 다루어야 한다. 아내랑 살면서 느낀 점이 있다. 큰일에는 대범하면서도 사소한 일에 목숨을 걸 때가 있는 것이 여자라는 사실이다.

얼마 전에도 아내와 나는 작은 일로 다툴 뻔한 적이 있다. 일요일은 보통 일을 하지 않는데 그날은 부득이하게 중요한 약속이 잡혀서 예배를 드린 뒤에 서둘러 약속 장소로 가야 했다. 아이들과 아내를 집까지 데려다 주기에는 시간이 빠듯해서 '이 정도는 이해해주겠지.' 하는 마음에 "나 지금 바쁘니까 오늘은 쌍둥이 데리고 알아서 들어가요." 하며 승용차에서 내려 주고 약속 장소로 향했다. 그런데 볼 일을 보고 집에 와 보니 아내의 표정이 심상치 않았다.

"당신 무슨 일 있었어? 얼굴 표정이 왜 그래?"

"당신은 어쩌면 그럴 수가 있어요? 애들하고 나를 그렇게 놓고 가면 어떻게 해요?"

"놓고 간 게 아니라 시간이 없어서 그런 거지. 나도 급하게 왔다 갔다 하느라 힘들었는데 그것도 이해 못 해?"

나는 아내의 투정을 이해하지 못했고 아내는 그 사실에 더 크게 상처를 받았다. 그래도 우리는 운동장 돌기를 멈추지는 않았다. 비록 침묵하면서 돌지라도.

이틀이 지나자 드디어 아내가 입을 열었다.

"가만히 보니까 당신은 목표를 달성하기 위해 달려가다가 어떠한 상황에서 부딪혔을 때 내가 필요 없다면 나를 던져 버릴 사람이에요."

나는 아내가 그렇게까지 생각하고 있다는 사실에 깜짝 놀랐다.

"바빠서 그랬던 것뿐이야. 그리고 그 정도는 당신이 얼마든지 이해해 줄 거라 생각했다고."

"그러면 차에서 내리기 몇 분 전에라도 미리 이야기를 해 줄 수도 있었잖아요."

"내가 말을 안 했나? 나는 마음으로 했는데. 에이, 이심전심도 모르나? 내가 굳이 말하지 않아도 다 아는 거 아냐?"

"그건 아니죠."

결국 그날도 그렇게 냉랭한 상태로 보내고 말았다. 그렇게 며칠을 보내니 내가 답답해서 견딜 수가 없었다. 아내와 화해하고 싶은 마음에 나는 저녁 6시 즈음 함께 산에 올라갔다 오자고 청했다. 마침 일찍 집에 들어온 김에 산을 오르면서 이야기하다 보면 감정이 풀리지 않을까 하는 마음에서였다. 아내도 좋다고 해서 우리는 집 근처의 우면산에 함께 올랐다. 저녁이라 완등은 생각도 안 했지만 아내는 조금 오르더니 힘들어했다. 나는 좀 더 올라가고 싶어 아내에게 "10분만 더 올라갔다 올 테니 여기에서 쉬면서 기다리라."고 한 뒤 등산을 계속했다. 그런데 예상치도 못한 일이 일어났다. 올라간 것까지는 좋았는데 내려오는 길에 갑자기 어둠이 내려앉기 시작한 것이다. 급한 마음에 빨리 걷던 나는 그만 길을 잘못 들고 말았다. 정신없이 헤매다가 도착한 곳은 아내가 기다리고 있는 곳과 전혀 다른 방향이었다. 할 수 없이 아내에게 전화를 걸어 사정을 이야기한 뒤 집에서 보자고 했다. 나중에 집에 도착한 아내는 화가 머리끝까지 나 있었다. 나 역시 산 위에서 이리 뛰고 저리 뛰었는데 아내는 내 입장을 이해하기보다 자신이 또 다시 내팽개쳐졌다고 생각했다. 그 전 일이 풀리기도 전에 상황이 더 악화된 것이다. 화해를 위한 산행이었는데 결국 일이 더 커진 격이 되어 버리고 말았다.

어떻게 이 사태를 해결해야 할까 하고 생각하다가 나는 다시 아내를 데리고 똑같은 시간에 그 산으로 올라갔다. 그리고 내가 헤맸던 그 코스를 똑같은 속도로 걸었는데 그 사이 아내는 진땀을 흘리며 눈까지 빨개져 있었다. 또한 내가 잘못 갔던 길을 함께 가면서 얼마나 헤맸는지를 보여 주었다. 그제야 아내는 점점 어두워지는 산 속에서 내가 얼마나 급하게 산을 내려왔고 당황하며 고생했는지를 이해하는 눈치였다. 서로의 고충을 이해하게 되자 그동안 오해했던 부분도 좀 더 객관적으로 바라볼 수 있게 되었다.

사랑해서 결혼하고 30년이 넘게 함께 살았지만 우리는 여전히 이런 '차이'를 경험하고 그 다름에서 생기는 갈등들을 겪는다. 그러나 오해가 생길 때마다 대화를 통해 그리고 서로의 입장이 되어 봄으로써 그 간격을 좁히고, 좁혀지지 않는 간격은 서로를 향한 신뢰와 사랑으로 메워 왔다. 덕분에 우리는 서로에게 좋은 동지가 될 수 있었다고 생각한다.

서로의 생각이나 감정에 대한 이해, 그리고 수용. 부부 관계에서 어떤 것보다 중요한 것이 바로 대화다. 몇 십 년을 함께 살아도 하루 한 시간도 함께 이야기하지 않는 부부들이 많이 있다. 매일 30분 정도라도 따로 시간을 내서 대화하고 서로를 이해하려고 노력한다면 가정생활이 좀 더 행복하고 아늑해질 수 있지 않을까.

가정에서 자기 존재가 온전히 받아들여지면 그 사람은 모든 면에서 건강해진다. 가정 안에서 안정감을 누리면 흔들림 없는 견고함을 갖게 된다. 아내로부터 전적으로 받아들여지고 있다는 안정감을 누릴 수 있었기 때문에 나 역시 많은 유혹과 어려움을 극복하고 정도를 걸을 수 있었다고 생각한다.

자신의 사생활에서 누군가 자신을 있는 그대로 받아들여 주고 존중해 주는 사람이 없다면 사회생활에서 다른 이들을 품는 것이 어렵다. 그것은 내적인 에너지 공급 없이 계속해서 자원을 소진하는 것과 다름없기 때문이다. 결국 사회에서 얼마나 건강한 영향력을 미칠 수 있는가 하는 점은 가정의 행복, 특히 아내와의 대화에 달려 있다고 자신 있게 이야기할 수 있다.

2006년, 여성 최초로 펩시 CEO에 오른 뒤 불과 1년 만에 회장이 된 인도 출신의 인드라 누이도 가정의 소중함에 대해 언급한 바가 있다.

그녀가 세계적인 기업 펩시의 CEO로 지명되던 날, 집에 도착한 시간은 밤 10시가 넘어서였다. 그녀는 누구보다 어머니에게 기쁜 소식을 알리고 싶었다.

"어머니, 중요한 소식이 있어요."

"중요한 소식은 나중에 전하고 어서 우유부터 사 오도록 해라."

정말 깜짝 놀랄 만한 소식이라고 말했지만 어머니는 단호했다. 누이는 어머니의 강경한 태도에 어쩔 수 없이 우유를 사 왔지만 매우 서운했다.

"왜 꼭 바쁜 제가 우유를 사 와야 하죠? 애들 아빠나 아이들을 시켜도 되잖아요."

그러자 누이의 어머니는 이렇게 말했다.

"집에 들어올 때는 네가 밖에서 썼던 왕관을 벗어 놓고 들어오렴. 집에서 너에게 가장 중요한 것은 아내이자 엄마라는 자리란다. 만약 가족에게 우유가 필요하다면 너는 언제든지 우유를 사 와야 해. 가장 강한 힘은 가족에서 나오는 거란다."

인드라 누이는 종종 가족을 사랑하는 만큼 펩시를 사랑한다고 말하곤 한다. 그리고 직원들이 가족을 충분히 돌보도록 배려한다. 일하는 사람이 행복해야 일자리도 즐겁다는 누이의 철학은 결국 만년 2인자였던 펩시를 1위로 등극시키는 힘이 되었다.

그녀가 여자, 유색 인종이라는 두 가지 약점을 모두 극복할 수 있었던 힘은 바로 가정에서부터 시작되었다고 해도 과언이 아닐 것이다.

다른 누구도 아닌 당신 고유의 삶을 살라

나는 죽을 고비를 여러 번 겪었다. 내가 신입 행원일 때부터 은행에 올

때마다 친절히 인사하고 차를 대접하면서 오랫동안 응대한 분이 있는데 바로 당시 태창 메리야스의 이기전 전무님이었다. 당시 그분은 주 일 지점장님과도 친분이 있어서 가끔 내가 심부름도 해 주곤 했는데 그런 내 모습을 무척 대견하게 보셨다. 가끔 따로 불러서 차도 사 주시면서 "열심히 일 하는 게 보기 좋다."며 격려를 해 주시기도 했다.

어느 날 같은 지역에 살면서 사업을 하던 어떤 분이 나를 찾아와서는 메리야스 사업이 전망이 좋으니 태창 메리야스 전무님을 만나게 해 달라고 통사정을 했다. 나는 그렇게 해서 일이 될까 싶었지만 하도 매달리는 통에 사업 계획서를 써 오라고 하여 함께 전무님을 만나러 익산으로 내려갔다. 생각했던 것보다 일이 의외로 쉽게 풀렸다. 이 전무님이 웃으면서 "물량을 검토해서 드리겠습니다."라고 흔쾌히 허락해 준 것이다.

그날 일행 모두 기쁨에 들떠서 축제 분위기가 되었다. 서울로 오던 길에 일행은 전주에 머물러 호텔에 묵고 다음 날 아침에 서울로 올라오자고 제안했다. 나는 가까이에 부모님 집이 있었기에 간만에 부모님의 얼굴을 뵙고 싶어 양해를 구한 뒤 따로 갔다.

다음 날 출근해서 일하고 있는데 엄청난 소식을 들었다. 어제 그 일행이 탄 차가 교통사고가 났다는 것이다. 게다가 한 명이 사고로 사망했는데 그는 전날 내가 탔던 자리에 옮겨 탄 사람이라고 했다. 그 이야기를 듣고 나는 크게 몸살을 앓았다. 삶과 죽음이 한 끝 차이라는 사실을 뼈저리게 깨달았고 생명은 정말 예측할 수 없다는 사실도 실감할 수 있었다.

또 한 번은 노조위원장 때의 일이다. 당시 나는 타 은행 노동조합 간부들과 함께 해외 출장을 갔다. 태국을 거쳐 싱가포르, 인도네시아까지 돌아보는 일정으로 내가 단장이 되어 팀을 이끌고 다녔다.

마지막 날, 우리 일행은 모든 출장 업무를 마친 뒤, 인도네시아의 한 계곡 호수에서 물놀이를 즐겼다. 함께 간 경남은행 이병화 위원장이 헤엄쳐 폭포 한 가운데 있는 바위에 자리잡고 앉아 있다가 순식간에 헤엄쳐 나오는 모습이 얼마나 부러운지 나도 한번 해 보고 싶었다. 조심스럽게 헤엄쳐 가는데 갑자기 물 속에서 무언가 다리를 잡아당겼다. 순간적으로 '아, 귀신이 나를 잡는구나.' 하는 생각이 들어 나는 귀신을 떼어 내기 위해 사정없이 몸부림을 치기 시작했다. 물 속에서 그렇게 사투를 벌이는데도 아래쪽에서 물놀이를 하던 동료들은 이런 상황을 알아채지 못했다.

'이렇게 죽는구나. 물 속에 귀신이 있다는 게 이런 거구나.'

하지만 나는 포기하지 않고 계속 몸부림쳤다. 이왕에 죽을 바에야 "귀신 너도 죽고 나도 죽자."라는 각오로 감싸는 그 무엇을 발로 차며 온몸으로 싸웠다. 얼마나 흘렀을까. 어느 순간 나는 옆에 튀어 나온 바위를 한 손으로 잡고 간신히 목을 물 위에 내민 채 헐떡거리고 있었다.

빛을 통하여 맑은 물 속이 비쳤다. 정신을 차리고 보니 물 속 주변에 이끼 같은 나무들이 찢겨진 채로 널려 있었다. 아마 내 다리가 그 나뭇가지들에 걸렸던 모양이다. 힘 빠진 내가 임산부 배를 해서 계속 물 위에 둥둥 떠 있자 그제야 동료들이 나를 발견하고 끌어내어 주었다. '아,

이제 살았다!'라는 말 밖에는 생각나지 않았다.

  생사가 나뉘는 것은 정말 순간이었다. 잠깐 동안이었지만 삶과 죽음의 갈림길에서 다시 한 번 삶의 기회를 찾은 나는 더욱 내게 주어진 시간에 대해, 그리고 나 자신에 대해, 내게 있는 것에 대해 감사할 수 있는 계기가 되었다. 부족하고 힘들다 하더라도 살아 있다는 것만큼 큰 선물은 없기 때문이다.

  죽음을 마주하면 다른 사람에게 보여 주는 '나'는 없어지고 새로운 자아가 생겨난다. 새로운 자아는 지나온 삶의 크고 작은 성공과 실패를 바라보고, 그 속에서 후회와 잘못, 거짓을 깨닫는다. 일하는 기쁨, 돈에 대한 가치, 가족에 대한 사랑, 용기와 도전 등 이런 경험들이야말로 뒤에 남을 이들에게 선물해 줄 수 있는 삶의 지혜이자 보물이다. 저마다 고유한 삶을 살 듯 죽을 때도 각자 고유한 죽음을 맞이한다. 그리고 그 속에서 우리는 또 진정한 삶의 목적과 의미를 배우게 된다.

일상 속에서 보물을 캐는 how-to

1. 작은 인연도 소중하다. 친절과 배려는 부메랑이 되어 자신에게 되돌아온다. 말 한마디라도 친절하게, 잠깐의 만남도 소중하게!

2. 밝은 얼굴은 밝은 미래를 만든다. 돈 안 들면서 자신을 가장 잘 PR할 수 있는 것은 바로 표정이다.

3. 불행을 거부하고 나의 행복한 세계로 다른 사람을 초청할 수 있다. 링컨의 말을 기억하자. "대다수의 사람들은 자신들이 결심한 만큼 행복해진다."

4. 귀찮다고 생각하는 일, 사소한 만남이 미래와 연결되어 있는 경우가 많다. 작은 것을 지나치지 말자.

5. 아내와의 대화, 가족들과의 시간은 매우 중요하다. 가정의 화목, 건강한 부부 관계는 모든 성공의 밑거름이다. 특히 하루 30분은 아내와의 대화를 위해 투자하라.

6. 삶이라는 선물은 매우 소중하다. 주어진 시간, 자리, 환경 등 있는 것에 감사하고 만족하며 오늘을 마지막 날처럼 소중히 살아 내자.

3 장 | 선택에 따라 인생이 결정된다

할 수 없는 일이 할 수 있는 일을 방해하게 하지 마라.
- 존 우든

루시 몽고메리가 쓴 『빨간 머리 앤』에서 앤은 다음과 같은 말을 했다.

"일을 생각하는 것은 즐거운 일이라고 할 수 있어요. 이루어질 수는 없을지 몰라도 미리 생각해 보는 것은 자유거든요. 린드 아주머니는 '기대하지 않는 사람은 아무런 실망도 하지 않으니 다행이지'라고 말씀하셨어요. 하지만 저는 실망하는 것보다 아무것도 기대하지 않는 게 더 나쁘다고 생각해요."

고아 소녀였지만 밝고 긍정적으로 살 수 있었던 것은 바로 미래에 대한 꿈이 있었기 때문일 것이다.

돈을 주고도 살 수 없는 것들이 세상에는 수없이 많다. 꿈도 그 중에 하나다. 꿈으로는 대통령도 될 수 있고, 과학자도 될 수 있고, 부자도 될 수 있다. 꿈을 꾸는 데는 돈이 들지 않는다. 다만 이때 희망이라는 불씨는 꼭 필요하다.

꿈은 마이너스를 플러스로 바꾸는 힘

어렸을 적 내 꿈은 우리 집의 빚을 갚는 것이었다. 한창 대통령, 판검사를 꿈꿔야 할 나이에 '빚 청산'이 꿈이었다니. 그래서 나는 상업고등학교로 진학했고 졸업과 동시에 서울에 있는 기업은행에 취업했다. 당시 신입 행원의 월급은 11,000원이었다. 군 복무 시절, 흑염소 사육을 하면서 어느 정도 빚을 갚아 가고 있어 숨통이 트였지만 그래도 아버지의 빚을 다 갚으려면 갈 길이 먼 상황이었다.

어느 날, 매형은 나에게 자신이 운영하고 있는 독서실을 인수하라고 제안했다. 자신은 운영을 잘 못해서 재미를 못 봤지만 나는 잘할 것 같다면서 한번 해 보는 것이 어떻겠느냐며 제안을 한 것이다. 우선 대금 중 일부만 주고 나머지는 나눠서 줘도 된다고 했다. 처음에는 빚을 안고 사는 상황에서 무슨 독서실 인수인가 싶었지만 생각할수록 자꾸 욕심이 났다. 왠지 잘할 수 있을 것만 같았다. 일단 신설동에 위치한 독서실을 찾아가 보니 주변에 중고등학교가 있어 입지조건이 생각보다 좋았다. 고민 끝에 아내와 상의했다.

"여보, 매형이 하는 독서실을 우리가 맡아서 해 보면 어떨까?"

아내는 "돈도 돈이지만 저보고 거기 가서 일하라고요? 아이들은 어떡하고요?" 하며 깜짝 놀랐다. 나는 아버지를 떠올렸다. 흑염소로 빚을 갚고는 있지만 여전히 쌓여 있는 빚 때문에 독촉을 당하는 아버지를 서울로 모셔 오면 훨씬 마음이 편해지실 것 같았다.

"아버지한테 말씀드려서 맡아 주시라고 하면 어떨까 해. 시골에 계시니까 더 무기력해지시는데 이 기회에 서울로 올라와서 일을 하면 훨씬 힘을 내시지 않을까?"

아무래도 아버지가 올라오면 아내가 감당해야 할 일들이 많아지기 때문에 난 아내의 답변만을 기다렸다.

"단칸방에서 함께 생활하려면 불편하실 텐데. 하지만 아버님만 괜찮다고 하시면 저는 상관없어요. 당신 뜻대로 하세요."

아내가 허락하자마자 나는 독서실을 인수했다. 돈이 없었기 때문에 매매 대금의 일부는 빌리고 일부는 외상으로 했다. 빚이 더 늘어난 셈이었다. 그리고 아버지에게 자초지종을 설명한 뒤 서울로 모셔 왔고 우리 세 사람은 즉시 독서실 리모델링에 들어갔다. 일단 독서실 이름부터 바꿨다. 원래 '대광 독서실'이었는데 분위기 쇄신을 위해 하늘이 돕는다는 뜻이 담긴 '우일 독서실'이라고 바꿔 새로운 간판을 걸었다. 그 다음 독서실 장판부터 새로 깔았다. 기존에는 종이 장판지를 깔아서 조심하지 않으면 걸을 때마다 소리가 나서 공부에 집중해야 하는 학생들에게 방해가 되었다. 나는 푹신푹신한 장판으로 새로 깔아서 걸어다닐 때 소리가 나지 않게 했다. 또한 젊은 총무 한 사람을 고용해 학습 분위기를 좋게 만들었다. 총무가 독서실 분위기를 관리했는데 떠드는 학생은 주의를 주어 내보내고 여러 차례 적발될 경우 아예 독서실에 오지 못하게 했다. 이렇게 개선하자 불과 2-3개월 만에 160석이 꽉 찼고 대기자만도 50여 명에 육박했다. 그래서 다른 아이디어를 냈다. 정기생과 대기생을 나누어 일정 기일이 지나면 대기생이 그 자리를 사용하도록 했고, 과외를 받느라 시간에 쫓겨 열람권을 끊고도 거의 나오지 못하는 학생들을 파악해 대기생들에게 자리를 주기도 했다. 나중에는 160석의 자리가 모자라 할 수 없이 학생들을 주간반과 야간반으로 나누어야 할 정도가 되었다. 주간 학생과 야간 학생의 생활 패턴을 고려해 교대로 좌석을 배치한 것이다. 낮에 학교에 가는 학생들은 학교가 마칠 때까지는 독서실을 이용하지 않기 때문에 그 시간에는 야간 학생들에게 자리를 줬다. 야간 학생들이 학교에 갈 시간에는 주간 학생들이 학교를 마치니까 전혀 문제가 되지 않았다. 한 자리에 두 명의 학생이 이용하도록 하자 면학 분위기도 좋아질 뿐 아니라 수입도 훨씬 늘었다.

그렇게 독서실을 통해서 벌어들인 수입은 당시 내 월급의 20배가 넘었다. 그 돈으로 나는 도무지 갚을 길이 없어 보였던 아버지의 빚을 갚았고 영원히 찾을 수 없을 것만 같았던 아버지의 땅도 되찾았다. 5년 만에 깨끗이 해결한 것이다.

우리 가족은 독서실을 운영하면서 많은 것을 배울 수 있었다. 만약 그때 독서실을 하지 않았다면 어떻게 되었을까. 우리 주제에 무슨 독서실이야, 하면서 도전하지 않았다면 많은 것이 달라졌을 것이다.

모든 것은 선택에 달려 있다. 우리에게는 절망 대신 꿈을, 안주보다 열정을 선택할 자유가 있다. 또한 위축되지 않고 도전하기로 선택할 수 있고, 부정을 거부하고 긍정을 받아들일 수도 있다.

그러나 꿈이 있느냐 없느냐에 따라 선택은 달라진다. 그리고 선택에 따라 인생도 달라진다. 꿈이 있다는 것은 얼마나 중요한가. 한 사람을, 한 가정을 일으켜 세우는 씨앗은 바로 '꿈'이었다.

조급증을 버리고 한 걸음씩 정도를 걷다

운전을 하면서 인생살이에 대해 생각할 때가 많다. 목적지에 빨리 가기 위해 차선 변경을 수시로 하고, 속도를 위반하는 차들을 흔히 볼 수 있다. 그런 차들은 신호도 무시하고, 주행에 방해가 된다 싶으면 요란하게 경적을 올리면서 질주한다. 그렇게 해서 목적지에 일찍 도착한 것을 무용담처럼 늘어놓기도 한다. "완전 날아 왔어." 하면서.

늦지 않으려면 일찍 출발하는 것이 상식이다. 설사 사정이 있어 조금 서둘러야 하는 상황이 되어도 지킬 것은 지켜야 한다는 것이 나의 철학이다. 불법을 행하고 규칙을 무시하고 다른 사람을 위협하면서 '나만 빨리 가면 된다'는 것은 경박한 가치관과 삶을 여실히 드러낸다.

늦더라도 정도를 지키는 것. 나는 37년 월급쟁이 생활을 하면서 이 가치를 지키며 살기 위해 노력했다. 때로는 나를 추월해 마구 앞질러 가는 사람들을 보며 '나도 속도를 내야 하는 것 아닌가'라는 조바심을 낸 적도 있고, 요란한 경적 소리에 깜짝 놀라기도 했다. 규정 속도, 신호 등 지킬 것은 다 지키고 가니 느릴 수밖에 없었다. 그리고 느리게 온 덕분에 주변을 돌아보며 도울 수 있는 여유도 가질 수 있었다. 돌아보니 늦더라도 정도를 지키며 걸어오길 잘했다는 생각이 든다. 아니, 정말 잘했다.

어떤 사람들은 승진 발표 시즌이 되면 수많은 정보를 접하고 그 정보에 의거해 신속한 대처를 했지만 내게는 그런 운도, 나를 끌어 주는 윗분도 별로 없었다. 조직에 있다 보면 이른바 정치를 잘하는 사람들이 있기 마련이다. 그런 사람들은 보이지 않는 끈을 대느라 분주하다. 물론 능력과 정치력이 전도되어서는 안 되겠지만 어느 정도의 배경이 사회생활에서 유리한 것은 사실이다. 나라고 해서 왜 그런 연줄을 갖고 싶지 않았겠는가? 그러나 거기에도 보이지 않는 벽이 존재한다는 사실을 경험했다.

이런 분위기 속에서 나 같은 사람이 택할 수 있는 것은 한 가지였다. 철저하게 실적과 성실함만으로 승부수를 띄우는 것이었다. 그리고 차곡차곡 한 단계씩 올라갔다. 행원에서 대리가 될 때도, 차장을 거쳐 지점장이 되고 본부장에서 부행장의 자리에 오를 때까지 나에 대한 칭찬과 혹평이 분분했다.

지점장이 되었을 때는 타 은행 출신으로 금융노조의 위원장을 지내고 지점장을 역임했던 선배가 찾아와서 이런 조언을 해 주셨다.

"지점장에서 최선을 다하세요. 국책은행인데 상고 출신에다 노조위원장 출신이 본부장을 한다는 것은 거의 불가능한 일이에요. 내가 앞선 선배라 충고하는 것이니 나중에 내 말이 맞다는 것을 알게 될 거예요."

그분은 열심히 하는 내 모습을 안타깝게 생각해서인지 본인이 겪은 많은 도전과 노력에 대해 이야기해 주셨다. 그 선배는 내가 본부장이 되었을 때 가장 먼저 축하를 해 주고 부행장이 되었을 때에도 열성적으로 축하를 해 주신 분이다. 내게 힘든 사람들에게 꿈과 희망을 줄 수 있도록 노력하라는 주문까지 덧붙여 주셨다.

어떤 사람들은 내가 나가떨어질 때쯤 다시 일어서고 이쯤에서 그만두겠지 하는 시점에서 또 다시 벽을 넘어서는 것을 시기하기도 했다. 분에 맞지 않는 '욕심을 낸다'는 이야기를 들을 때마다 나는 프랑스의 50대 부자 명단에 올랐던 발랑의 수수께끼를 떠올렸다.

그는 초상화 파는 일을 하다가 채 10년도 되기 전에 사회에 굉장한 영향력을 미치는 부자가 되었다. 1998년 전립선암으로 숨을 거둘 때 그는 유서에 엄청난 상금을 걸고 재미있는 수수께끼를 냈다. 수수께끼의 내용은 "가난한 사람에게 가장 부족한 것은 무엇인가?"였다. 가장 많이 나온 답은 '돈'이었고 그 다음으로 나온 답이 기회, 기술, 도움, 관심이었다.

1년 뒤 변호사와 대리인은 그가 답을 적어 넣어 둔 금고를 개봉했다. 48,561통의 응모 답안 중 테일러라는 소녀가 보낸 것이 발랑의 답과 일치했다. 정답은 '욕심'이었다. 가난한 사람에게 가장 부족한 것은, 부자가 되고 싶다는 욕심이라는 이야기였다.

나는 적절한 욕심은 명약과 기적을 일으키는 씨앗이 될 수 있다고 생각한다. 나 역시 내 수준에 맞는 위치에 만족하지 않고 더 오를 수 있는 곳에 대한 욕심이 있었기에 지금의 내가 있을 수 있었다.

나는 부족한 만큼 실력을 쌓고자 노력했다. 철저하게 발로 뛰어다니며 고객을 유치했다. 현재 내 핸드폰에는 1,900여 명의 연락처가 저장되어 있고, 컴퓨터에 저장된 명함만 해도 5천여 개에 이른다. 뿐만 아니라 틈틈이 공부해서 전문 경영인 과정을 거쳤으며, 지금도 계속 공부하고 있는 중이다. 내가 살아 있는 한, 나의 배움은 계속될 것이다.

줄타기 대신 실력으로 승부하다 보니 늦는 것은 당연했지만 덕분에 훨씬 편하고 여유롭게 이 자리에 올 수 있었다고 생각한다. 그렇게 차곡차곡 정도를 지키며 나의 꿈은 하나씩 이루어졌다.

변화로 여는 새로운 세상

잔잔한 바다는 유능한 선장을 만들 수 없다는 말이 있다. 좋은 선장이 되려면 어려움을 반드시 극복해야 한다는 뜻이다. 나는 이 말에 전적으로 동의한다. 어려움을 겪은 사람은 그렇지 않은 사람보다 위기대처 능력이 뛰어날 수밖에 없기 때문이다.

같은 은행에서 근무한다 하더라도 한직과 요직이 있다. 사람들은 누구나 좋은 자리에 있고 싶어 하지만 실상 더 많이 배울 수 있는 곳은 한직이다. 그것을 겪어야만 더 중요한 자리에 갔을 때 두루두루 살필 수 있고 더 큰일을 할 수 있다. 계속 요직에만 있으면 다른 사람의 어려움이나 사정을 이해하는 능력이 부족할 수밖에 없다. 예를 들어, 회사 내 핵심 부서에서 일하는 사람에게 영업 쪽에 가서 일하라고 하면 어렵다고 고충을 토로하는 사람이 많다. 자신은 밖에 나가서 하지 못하는 것을 영업하는 직원들에게 이래라 저래라 지도하려 든다면 시행착오를 겪을 가능성이 많다. 어제는 좋다고 생각했던 것이 오늘은 개선해야 할 대상이 될 때가 종종 있다. 그만큼 변화도 빠르고 거기에 발맞추어야 하는 시대다.

나 역시 지금 이 시간에 무엇을 어떻게 개선시켜야 할 것인지를 늘 생각한다. 반 보 정도만 앞에 가면서 끌어 주어야만 직원들이 재미있게 따라올 수 있다. 너무 앞서가서 현실과 동떨어지면 효율적인 시너지 효과를 일으킬 수 없기 때문이다. 특히 아이디어가 그렇다. 뭔가 획기적인 아이디어보다 어제보다 조금 나아진 것을 찾는다. 이게 가장 적정한 변화의 속도라고 생각하기 때문이다.

친구들을 만나면 거의 정년 이후의 삶에 대해 걱정을 많이 한다. 사회 조직 안에서 떨어져 나오는 변화의 충격을 두려워하는 것이다. 새로운 것을 시작하는 것도 겁나고 그렇다고 가만히 있자니 돈만 곶감 빼먹듯 쓰는 것 같아 편치 않다고 한다. 나라고 해서 상황이 크게 다르지는 않지만 나는 다행히도 80세까지 나름대로 뚜렷한 인생 목표를 가지고 있다. 그래서 나는 정년퇴직이나 노년의 삶이 그렇게 두렵지 않다. 나이 들면 나이 든 대로 자신이 할 수 있는 일을 하면 된다는 것이 내 생각이다. 그래서 자신 있게 이야기한다.

"나처럼 입양해서 아이를 키우든가, 키울 능력이 안 되면 어디 가서 봉사 활동이라도 해라. 무엇을 하든지 간에 활동을 하면 된다."

편안하고 익숙한 자신의 자리가 흔들릴 때 두려워하지 마라. 바람을 타고 항해하는 법을 배우라. 힘들고 두려워도 거친 파도를 겪는 것이 아무 변화 없이 안주하는 것보다 훨씬 당신을 업그레이드시킨다.

세계적인 기업 애플 컴퓨터와 픽사의 CEO 스티브 잡스는 여러 역경 속에서 자신을 변화시켜 성공한 케이스로 유명하다.

처음에 그는 대학을 중퇴하고 허름한 차고에 친구인 스티브 워즈니악과 함께 세계 최초의 개인용 컴퓨터인 애플 컴퓨터를 만들어 20대에 세계적인 갑부의 반열에 들었다. 하지만 성공의 기쁨도 잠시, 새로 개발한 매킨토시가 품질의 우수성에도 불구하고 고가에다가 사용법이 어려워 잘 팔리지 않게 되었다. 경영 부진이 계속되자 그는 자신이 세운 회사에서 쫓겨나는 수모를 겪었다. 그는 넥스트라는 회사를 세우고 재기를 노렸지만 소비자들은 저렴하고 사용이 간편한 마이크로소프트의 윈도우에 몰렸고 결국 여기서도 실패하고 만다.

그 뒤는 애니메이션으로 승부를 건다. 1995년 11월, 그가 새롭게 차린 픽사는 세계 최초로 컴퓨터 장편 애니메이션 〈토이스토리〉를 세상에 내놓았다. 그 다음 주, 기업 공개를 하자마자 픽사의 주식을 사려는 투자자들이 몰려들었다. 디즈니와 공동으로 제작한 애니메이션 〈벅스 라이프〉, 〈토이스토리 2〉가 잇따라 대박을 터뜨리면서 그는 할리우드의 스타 영화제작자로 등극했고 다시 애플 컴퓨터의 최고경영자가 되었다.

스티브 잡스처럼 큰 실패와 성공을 번갈아 가며 경험한 사업가는 드물 것이다. 여러 번 넘어지면서도 그가 재기에 화려하게 성공할 수 있었던 것은 첫째 지식정보화 사회의 발전 방향을 잘 읽었고, 둘째 스스로의 변신에 성공했기 때문이다. 애플 컴퓨터의 성공 신화에서 벗어나지 못했던 그는 결국, 과거의 성공이 미래의 걸림돌이라는 것을 깨닫고 전혀 다른 분야인 애니메이션 세계로 뛰어드는 모험을 감행했다. 그리고 그 설과 내역진 드라마를 인구어 낸 것이다.

그가 만약 자신이 성공한 자리에만 집착하고 거기에 안주하려 했다면, 변화의 흐름을 읽어 내지 못했다면 어떻게 되었을까. 변화에 대한 적극적인 수용이 절대적으로 필요한 시대다.

꿈을 이루는 how-to

1. 꿈은 모든 것을 극복하게 해 주는 원동력이다. 척박하다고 생각되는 곳에서 꿈을 꾸고 성취하기 위한 구체적인 계획을 세우라.

2. 느리더라도 한 단계씩 밟는 것이 중요하다. 주변을 의식해 무리해서 속도를 내거나 먼저 가는 사람을 부러워할 필요가 없다. 속도보다 중요한 것은 방향이다.

3. 과거의 성공은 과거의 것일 뿐, 그것이 현재와 미래까지 보장해 주지는 않는다. 변화의 흐름을 읽고 적극적으로 수용하라.

4. 누구에게나 콤플렉스가 있다. 그것에 주눅 들지 말고 실력으로 대체하라. 건강한 욕심은 탁월함을 추구하게 한다.

5. 장·단기 목표를 분명하게 세울수록 좋다. 인생 계획이든, 재테크든, 자녀 양육이든 장·단기 계획을 세우라. 꿈만 꾸고 목표가 없다면 그것은 몽상일 뿐이다.

동행 | 2부 |
함께하는 사람을 껴안으라

보통은 자기의 생각을 가지고 상대방에게 주입시키려고 노력하기 때문에 실패한다. 비즈니스는 상대적인 것이기 때문에 그 사람의 입장에 서서 그 사람이 무엇을 원하고, 무엇을 필요로 하는지 알아야 한다. 또한 서로 이익이 되어야 하고, 지속적이어야 한다. 상대를 배려하는 마음만 있다면 고객의 마음을 얻는 것은 어려운 일이 아니다.

capacity | partnership

| 4 장 | 함께하는 사람을 소중히 여기라

인간의 정신에서 가장 핵심적인 자질은 자기 자신을 신뢰함과 동시에
다른 사람들과의 신뢰를 쌓아 가는 것이다.
– 간디

"세계를 움직이는 것은 남자다. 그러나 그 남자를 움직이는 것은 여자다."

요즘은 세계를 움직일 만큼 영향력 있는 여성들도 많아졌지만 어쨌든 여성들의 파워가 그만큼 강하다는 것은 누구나 알고 있는 사실이다. 한 남자를 바로 세우고, 그 남자를 통해 세상을 변화시킬 수 있는 힘을 갖고 있는 존재가 바로 여자다.

영화 〈쉘 위 댄스〉로 유명한 배우이자 영화감독인 다케나카 나오토도 아내 덕분에 크게 성공한 케이스로 유명하다.

그는 20여 년 전만 해도 텔레비전에서 이소룡을 흉내 내는 코미디언에 불과했다. 초기에는 꽤 인기가 있었지만 차츰 "기껏해야 3년이나 갈까? 한물가는 건 시간 문제야."라는 소리를 들어야 했다. 하지만 여배우 키노

우치 미도리와 결혼한 뒤 그의 삶은 완전히 바뀌었다. 한물가기는커녕 전업해 NHK의 대하드라마 주연으로 연기를 시작하면서 배우로서 눈부신 성공을 거둔 것이다. 그는 한 인터뷰에서 "내가 연기자로서 대성공을 거둘 수 있었던 것도, 영화감독으로 메가폰을 잡을 수 있었던 것도 아내가 뒷받침해 준 덕분이다."라고 말하며 아내에게 고마운 마음을 전했다.

남편의 재능을 인정하고 따뜻하게 지켜보면서 눈부신 미래를 믿어 준 아내가 있었기에 그는 인생 대역전을 할 수 있었다.

어쩌면 사랑과 관심이 곧 성공에 있어서 가장 필요한 요소일지도 모른다. 사랑은 세상 어느 명약보다 탁월하기 때문이다. 내 인생에 있어서도 두 여자의 힘이 컸다.

내 인생의 두 여자, 아내와 어머니

보통 첫사랑은 이루어지지 않는다고 한다. 그런 면에서 볼 때 나는 첫사랑과 결혼한 행운아다. 고등학교 때 친구와 함께 자취 생활을 할 때 나는 집 근처에 있는 교회로 매일 새벽기도를 나갔다. "그의 나라와 그의 의를 구하라 그리하면 이 모든 것을 더하여 주시리라." 당시 나는 매우 절박한 상황이었던 만큼 그 말씀을 붙들 수밖에 없었다. 하나님 도우심이 없이는 당장 끼니도, 학업도 해결할 수가 없었기 때문이다. 그렇게 새벽기도를 다니며 교회에서 어여쁜 고등학교 2학년 여학생을 만나게 되었는데 그녀가 바로 지금의 아내다. 지금 생각해도 아내에게는 고마운 마음뿐이다. 아내는 다른 어떤 것도 보지 않고 그저 나란 사람 하나만을 보고 나와 삶을 함께하기로 결심했다.

결국 내가 믿었던 성경 말씀처럼 하나님은 나의 기도를 이루어 주셨다. 부족한 나에게 재물과 많은 식구와 어려울 때 항상 힘과 소망을 나누는 평생의 반려자를 만나게 하여 주셨으니 '모든 것'이 주어진 것이나 다름없는 셈이다.

고등학교 시절의 우리는 수줍음 많은 학생들이었기 때문에 별다른 사건 없이 그저 호감만을 갖고 있었다. 그러다 내가 고등학교를 졸업함과 동시에 은행에 취업이 되는 바람에 기약 없이 헤어지게 되었다. 인연을 잇고 싶은 간절한 마음 때문일까. 우연히 아내의 여동생을 만났는데 그녀 역시 서울에 있다는 소식을 접하고 그 길로 찾아갔다. 그때부터 나는 적극적으로 내 마음을 표현했고 데이트 신청도 했다.

당시 나는 결혼할 형편이 전혀 아니었다. 아버지의 빚을 갚아야 하고, 병든 누나를 간호해야 하는 형편이었지만 아내는 이런 나와 함께할 수 있는 사람같이 여겨졌다. 나는 결혼해서 함께 돈을 벌고 모으면 훨씬 빨리 안정된 가정을 꾸릴 수 있을 것이라는 확신이 들었다. 하지만 무엇보다도 아내를 놓치고 싶지가 않았다. 염치없는 일이기는 했지만 나는 아내에게 프러포즈를 했고, 계산이라고는 할 줄 모르는 아내는 아무것도 없는 나의 청혼을 받아 주었다.

　무엇인가 해 주고 싶었지만 금반지 하나 해 줄 형편도 되지 않았다. 그래서 고물상에서 500원짜리 가짜 반지를 사서 선물했다. 그보다 더 싼 것도 있었지만 결혼반지를 차마 100원짜리로 할 수 없어 좀 더 쓴다는 것이 기껏 500원짜리 가짜 반지였다. 아내는 그 가짜 반지를 끼고도 좋다고 나에게 시집왔다.

　결혼을 하려면 예식장 비용이나 방 값으로 적어도 30만 원 정도는 필요했는데 그마저도 없었다. 결혼식 날 들어오는 축의금으로 할 수 있는 데까지 해 보자고 생각했다. 예식을 마친 뒤 축의금을 계산해 보니 38만 원이었다. 덕분에 우리는 남은 8만 원으로 현충사로 아주 간소한 신혼여행을 다녀오고 사글세 방 보증금까지 해결할 수 있었다.

　사실 21살이라는 젊은 나이에 나처럼 아무것도 없는 사람, 아니 없는 정도가 아니라 미래가 보이지 않고 집안의 빚만 잔뜩 짊어진 사람을 선택하고 함께하기로 결심한다는 것은 쉬운 일이 아니다. 하지만 아내는 내 병든 누나를 잘 간호해 주었을 뿐만 아니라 독서실을 운영할 때도 단칸방에서 아이들을 키우며 아버지까지 불평 없이 모셨다. 어느 틈엔가 아내는 가족의 중심이 되어서 집안의 대소사를 챙기고 경제적인 지원이 필요한 곳에도 넉넉한 마음으로 나눌 줄 아는 큰 나무가 되어 있었다. 그리고 두 자녀를 잘 키워서 출가시킨 지금도 좀 더 재미있고 편안한 삶을 누리려 하기보다는 자신의 손길이 필요한 곳을 먼저 찾아다니고 있다. 쌍둥이 딸들을 입양해서 엄마로서 정신없이 바쁘고 수고로운 삶을 살기로 택한 것도 아내의 넉넉한 사랑과 인내의 기질을 잘 보여 주는 것이라고 생각한다.

아내는 건전지의 원리를 잘 따르고 있는 전구 같은 사람이기에 이러한 삶을 살 수 있었다. 전구에 불이 들어오게 하려면 건전지로부터 받은 플러스 전류를 마이너스 쪽으로도 흘려보내야 한다. 한쪽의 전류만으로는 전구에 불이 들어오지 않는다. 아내에게 있어 에너지의 원천은 바로 하나님의 사랑이었다. 하나님으로부터 사랑이라는 플러스 전류를 받은 아내는 그 사랑을 마이너스 쪽으로 꼭 흘려보낸다. 자기 안에만 간직하는 것이 아니라 이웃에게도 흘려보내는 것이다. 그 이웃이 바로 나였고, 우리 가족이었고, 또 쌍둥이들이었다. 그래서 아내의 삶에서는 빛이 난다.

또한 아내는 나의 훌륭한 파트너이자 조언자다. 물론 우리 부부도 때때로 다툴 때가 있다. 하지만 다투지 않는 것이 중요한 것이 아니라 어떻게 갈등을 풀어 가는지가 중요하다고 생각한다. 아내와 나는 싸우고 난 뒤에 서로 이해하지 못한 부분은 기도하면서 풀기 위해 계속 노력한다. 그리고 내가 회사 일로 힘들어할 때면 "당신은 다른 장점도 많아요."라며 격려해 주곤 한다.

내게 바른 소리를 하는 것도 아내의 몫이다. 나는 가끔 별 생각 없이 이야기하거나 농담을 하는데 그것이 본의 아니게 다른 사람의 마음에 상처를 줄 때가 있다. 아내는 그럴 때 "그런 식으로 이야기한 것은 잘못한 거예요. 그 사람 입장에서는 그런 이야기에 마음 상할 수 있어요."라고 말해 준다.

"나는 그런 뜻으로 말한 게 아닌데."

"당신 의도가 그렇지 않다 해도 상대방이 상처받아 괴로워하면 그건 당신 잘못이에요. 말씀을 가려서 하셔야지요."

나는 아내의 이런 충고들을 대부분 받아들인다. 우리가 이렇게 서로를 도와줄 수 있는 데는 일주일에 한 번씩 드리는 '주일 예배'와 매일 드리는 '가정 예배'의 힘이 크다. 좀 힘들고 의견이 맞지 않더라도 예배를 드리고 나면 누가 먼저랄 것도 없이 풀어져 버린다. 우리 두 사람 모두 말씀을 가지고 하나님의 뜻대로 살려고 하기 때문이다. 종교에 의지하는 것을 연약하다고 생각하는 사람도 있지만 하나님의 뜻에 맞게 살려고 하는 마음이 계속해서 바른길을 갈 수 있도록 마음을 다잡게 해 준다.

집에서 살림을 하는 아내는 사회생활이 얼마나 힘든지도 모르고 회사 생활에 대해서도 아는 것이 없어서 할 말이 없다고 말하는 사람도 있겠지만 결국은 모든 것이 관계라는 점을 생각하면 아내만큼 관계에 대해서 훌륭한 조언을 해 줄 수 있는 사람도 없다. 은행에서 일한다는 것만 빼고는 제대로 내세울 것 없었던 나를 받아들여 준 아내. 우리 가족의 무거운 짐과 어려운 환경마저 품어 준 아내. 나는 아내의 넓은 품이

한없이 고맙다.

부부는 인생을 함께 여행하는 동반자다. 어떤 여행지에 갔는데 위생 시설도 엉망이고 경치도 생각했던 것보다 형편없었던 적이 있을 것이다. 그래도 함께 간 사람과 마음이 맞아 유쾌하게 지냈다면 즐거운 여행 아닐까? 누군가 당신에게 그 여행에 대해 물어보면 당신은 분명 "참 좋은 여행이었다."고 말할 것이다.

마찬가지로 때로는 삶이 만족스럽지 못하고 어렵다 하더라도 함께하는 아내가 믿고 지지해 준다면 아무리 힘든 삶이어도 훗날 돌아보았을 때 아름답게 기억될 것이다. 그런 의미에서 난 지금 훌륭한 여행을 하고 있다. 아내는 내 인생의 여정 속에서 늘 나를 믿고 함께하는 최고의 동반자가 되어 주고 있기 때문이다.

내 인생에 또 한 명의 중요한 여성은 바로 어머니다. 어머니는 늘 새벽기도를 다니셨다. 집에서 한 500미터 떨어진 곳에 있는 교회를 가기 위해서는 컴컴한 논두렁을 걸어가야만 했는데 나는 관절염을 앓고 계신 어머니가 혹시 넘어질까 봐 가끔 따라나서곤 했다.

새벽 4시 30분. 나는 큰 손전등을 들고 어머니가 가시는 길을 비춰 드렸다. 그리고 옆에서 기도가 끝나기를 기다리고 있노라면 어머니의 기도 소리가 들려왔다. 눈물로 간절하게 드리는 그 기도는 분명 하나님께도 전해졌겠지만 내 안에도 심겨져서 점점 자라게 되었다. 처음부터 끝까지 가족들을 위해 기도하시는 어머니를 보면서 가슴이 뜨거워지곤 했다. 사회생활을 하다 보니 분명 주저앉고 싶을 때도 있었다. 그러나 아픈 다리를 절뚝거리면서도 위험한 새벽길을 걸어 날마다 우리를 위해 기도하시던 어머니의 모습을 떠올리면 언제나 다시 시작할 힘을 얻곤 했다. 어머니의 눈물과 기도는 어떤 환경 속에서도 나를 든든하게 지켜준 자양분이었다.

우리 부모님은 나에게 풍족한 재산을 물려주지는 못하셨다. 오히려 물질적으로는 갚아야 할 빚밖에 주신 것이 없다. 그러나 언제나 값진 것은 숫자로 계산할 수 없는 것들이다. 어머니의 눈물 어린 기도와 희생은 내가 얼마를 드린다 해도 갚을 수 없는 큰 사랑의 빚이었다. 그런 사랑을 경험하게 되면 부모가 물려준 가난이라든가, 빚 같은 것은 대수롭지 않게 느껴진다. 오히려 사랑하는 부모의 짐을 나눠 질 수 있다는 사실에 감사하게 된다.

인생은 고해와 같다고 하지 않는가. 힘들고 어려운 삶을 살아가면서 나를 믿고 함께해 주는 사람들이 있다면 그 고난의 바다를 넉넉히 건널 수 있다.

듣기 좋은 호칭, 쌍둥이 아빠

나는 52살이라는 나이에 늦둥이를 얻었다. 늦둥이를 보기에는 너무 늦은 나이가 아니냐는 소리를 듣기는 하지만 나는 이 늦둥이들 덕분에 새로운 행복을 만끽하고 있다.

우리 부부의 새로운 꿈나무 쌍둥이들.

아내와 나는 3년 전 두 아이를 입양했다. 아내와 나 사이에는 1남 1녀가 있고 두 아이 모두 출가하여 3명의 친손녀와 외손녀 1명이 있지만 우리 부부는 요즘 쌍둥이 키우는 재미에 푹 빠져 있다.

입양에 대한 마음이 있어 오랫동안 기도로 준비해 온 아내에 비해 나는 아무 생각이 없었다. 그런 상태에서 한 명도 아닌 쌍둥이를 입양하기로 결정한다는 것은 결코 쉬운 일이 아니었다. 하지만 처음 만났을 때 내 손을 꼭 잡고 있던 두 아이는 결국 우리 가족이 되었다.

성경의 창세기에 보면 유대인의 시조로 불리는 아브라함은 어느 날, 낯선 손님을 맞이하게 된다. 그는 자신의 집을 방문한 손님들을 위해 양을 잡는 등 최선을 다해 최고의 대접을 한다. 사실 그들은 어떤 임무를 위해 하나님이 보낸 천사들이었는데, 아브라함은 자신이 알지 못하는 사이에 천사들을 대접한 셈이다. 그리고 그 천사들과 교제하는 동안 죽을 위기에 처한 자신의 조카 롯을 구하게 된다.

나는 쌍둥이들을 볼 때 하나님이 우리 가정에 보내 주신 천사가 아닐까, 하는 생각을 하곤 한다. 아브라함이 부지중에 그들을 대접한 것처럼 하나님은 내게도 두 명의 천사를 섬길 기회를 주셨다. 하지만 사실은 내가 오히려 천사들의 덕을 많이 보고 있다.

아내와 쌍둥이들은 나에게 있어 비타민과 같은 존재다. 나는 출근할 때나 퇴근할 때 왕처럼 대접받는다. 출근할 때는 아내와 쌍둥이로부터 엄청난 환송을 받으며 나가고, 들어올 때도 왕처럼 환영받는다. 그래서 나는 일부러 열쇠를 사용하지 않고 초인종을 눌러 내가 집에 도착했다는 것을 알린다.

아내와 나는 쌍둥이들 덕분에 더 젊게 살고 있다. 정년을 앞둔 나이임에도 꿈을 꾸기 때문이다. 물론 나는 은퇴한 뒤에 복지 시설을 건립해서 운영하고 싶다는 목표가 있었다. 만약 내가 아이들을 접하지 못했더라면 이 꿈을 이루며 아내와 더불어 여유 있고 소박하게 살았을지도 모른다. 그러다 아이들이 우리 집에 오면서 '아이들을 위해서 80세까지는 활동해야겠다'는 결심을 하게 되었다. 아버지로서 쌍둥이들이 결혼할 때까지는 왕성한 사회 활동을 하는 것이 마땅한 책임이라고 생각하기 때문이다. 그래서 아이들이 결혼할 때까지 사회 활동을 할 수 있도록 구체적인 계획을 세워 놓았다. 물론 모든 것이 계획대로 되는 것은 아니지만, 중요한 것은 내가 무엇을 하든 내게는 사랑할 대상과 나를 사랑해 줄 이들이 있다는 것이다.

복지 시설을 통해 봉사 활동을 하든, 기업체 CEO로 활동하든, 아니면 금융 CEO가 되든 나는 문을 열어 놓고 그때그때 하나님의 인도하심을 구하며 나아갈 것이다. 건강한 가정을 이루며 사회의 발전에 이바지하며 건강하게 80세까지 생산적인 활동을 하고 그 이후에는 건강이 허락하는 한 봉사하는 것이 나의 꿈이다.

퇴직하면 무엇을 해야 할지 막막해하는 이들을 본다. 사랑할 대상이 있다면 해야 할 일도 보이기 마련이다. 나에게 새로운 길을 보게 해 준 쌍둥이들에게 그저 고마울 따름이다.

칭찬의 힘

처음 아이들을 만났을 때, 나는 아이들의 손을 잡는 순간 깜짝 놀랐다. 아이 손 같지 않고 허드렛일을 하는 여자 손처럼 거칠었고 큰아이는 머리가 희끗희끗하였기 때문이다. 왜 아이가 이럴까 하고 마음이 아팠다. 게다가 어찌나 눈치를 보는지 보기에 안쓰러울 정도였다. 그런 아이들에게 가장 좋은 약은 칭찬이었다.

"방 청소 누가 했어?"

"제가 했어요."

"그래? 정말 잘했다. 아주 깨끗한걸."

그러면 아이들의 얼굴은 빛이 날 정도로 환해진다.

칭찬을 받겠다고 아이들은 저희들끼리 경쟁이 붙기도 한다. 무엇인가 해 놓고 칭찬받기 위해 내 앞에 쪼르르 달려오는 것을 보면 얼마나 사랑스러운지 모른다.

돈 하나 들지 않는 이 처방전은 금세 효력을 나타냈다. 어느 사이엔가 아이의 딱딱하고 거친 손이 제 또래의 아이들처럼 부드럽고 보송보송하게 변한 것이다.

처음 왔을 때는 또래보다 키도 작고 영양도 부족한 상태였는데 지금은 정상적인 발육 상태로 돌아오고 있는 중이다. 또한 입양할 때 머리가 희끗희끗 했던 큰아이는 1년 여가 지난 작년에 "엄마! 하얀 머리카락이 없어졌어요." 하며 환한 얼굴로 달려와 자랑했다. 자세히 보니 머리카락이 까맣게 변해 있었다. 우리 부부는 그것을 보고 깜짝 놀라지 않을 수 없었다. 밤마다 오줌 싸는 것 때문에 침대에 비닐을 깔아 주고 기저귀를 채워 주는 것이 아이에게는 큰 스트레스가 되었나 보다. 모든 사람 앞에서 자신 없어 하고 '오줌싸개'라는 별명 때문에 무척 괴로워했는데 조금씩 그 무거운 굴레에서 벗어나고 있었다.

큰아이는 처음에는 반에서 제일 작았는데 지금은 세 번째까지 올라섰다고 한다. 영양을 충분히 섭취해서 그런지 살이 오르고 피부색도 좋아지면서 얼굴도 예뻐졌다. '저렇게 예뻐서 큰일 났다'라는 쓸데없는 걱정까지 할 정도다.

오후 6시가 넘으면 아이들은 저희들끼리 예배를 드리고 7시면 잠자리에 든다. 둘이 낭번까지 정해서 돌아가며 사회를 본다. 때로는 아내가 함께 참석하기도 하고 쉬는 날은 나도 함께한다. 매일 저녁마다 저희들끼리 그렇게 부흥회를 하는 모습을 보면 기적을 눈앞에서 보고 있는 듯

한 느낌이 든다. 쌍둥이들은 새벽 4시 30분이면 자명종 소리를 듣고 일어나서 옷을 갈아입고 새벽 예배를 가자고 우리를 깨운다. 새벽 예배를 가지 못하는 날은 우리끼리 가정 예배를 드린다.

처음에 우리 가정에 올 때 "너희들은 커서 무엇이 될 거야?"라고 물으면 아이들은 "아줌마 될 거예요." 하고 대답하곤 했다. 그러던 아이들이 지금은 바뀌었다. 큰아이는 목사님이 되고 작은아이는 의학 박사가 되겠다는 꿈을 가지게 되었다.

얼마 전에 학교에서 돌아온 작은애가 초콜릿을 아내에게 건넸다. 아내가 웬 초콜릿이냐고 묻자 "선생님이 우리한테 먹으라고 주신 건데 엄마 주려고 갖고 왔어요." 하며 자랑스럽게 대답한다. 선생님이 아이들에게 선물로 초콜릿을 한 개씩 나눠 주었는데 딸애가 먹지 않고 가방에 넣어 온 것이다. "엄마 갖다 드린다고 하니까 선생님께서 한 개 더 주셨어요." 하며 환하게 웃는 모습이 얼마나 예쁘던지.

작은 것이지만 엄마를 생각하는 마음이 예쁘고, 자기 것을 나누는 마음도 기특해서 칭찬해 주었다. 그러자 이 녀석들은 그 다음부터 주일학교에서 받은 간식을 가져오기 바쁘다. 아이들에게 간식보다 더 맛있는 것은 칭찬인가 보다. 한편으로는 얼마나 칭찬에 굶주려 있으면 그럴까 하는 생각에 가슴이 찡하다.

4시 30분에 일어나 새벽예배를 드리고 성경을 기록하고 외우며, 가정 예배에 참석하는 아이들, 배꼽 인사를 하며 나를 반겨 주는 아이들,

자기 손에 있는 작은 사탕을 나누어 주는 아이들. 하나님이 우리에게 보내신 천사들은 어느새 사랑하고 양보하고 인내하는 방법을 배우며 무럭무럭 자라가고 있다.

보살핌, 주목, 애정, 인정, 사랑, 그리고 칭찬이야말로 아이들에게 줄 수 있는 가장 귀중한 선물이며 성장 동기를 끌어 내는 중요한 요소다. 아이들은 칭찬과 격려 속에서 자란다. 잘한 행동에는 별말 없다가 틀렸을 때만 지적하는 것이 아니라 가급적 비판을 줄이고 아이들의 행동에서 좋아할 만한 것을 의식적으로 찾아 내는 것이 좋다.

나는 어떤 행동을 반복하게 하거나 바로잡는 데 강력한 도구는 '지지하는 피드백'이라고 생각한다. 긍정적인 행동에 대한 칭찬은 행동이 일어난 직후가 제일 효과적이다. 그리고 한 마디 한 마디에 진심을 담아서 칭찬해야 한다. 단순히 "잘했다."라고 말하는 것이 아니라 구체적이고 정확하게 칭찬하고 격려하는 것이 중요하다.

내 편을 만드는 마음의 기술, 배려와 존중

삿 은행에 입사했을 때의 이야기다. 당시 내 나이가 20살이었으니 사회 초년생으로 애송이였다. 그런데 입사해서 나보다 나이가 많은 여직원에게 "미스 최, 이것 좀 해 주세요." 하면 꼭 반말 같아서 할 수도 없고, "○

○○씨"라고 하기도 편치 않아 호칭이 난감했다.

상대방을 존중하면서도 친근하게 부를 수 있는 호칭이 뭘까 고민하다가 기막힌 아이디어가 떠올랐다. 바로 '언니'였다.

지금이야 '언니'라는 호칭은 어디에서나 편하게 사용하는 분위기로 바뀌었지만 당시만 해도 이 호칭은 파격적이었다. 내가 "지 언니~ 이것 좀 부탁해도 될까요?" "정 언니!" 하고 부르자 호응이 대단했다. 이 효과가 꽤 커서 다른 사람이 해 달라고 하면 안 되는 일도 내가 부탁하면 100퍼센트 무사통과였다. '언니'라는 호칭 하나가 업무를 원활하게 해 준 것이다. 여직원들을 존중하는 의미로 부른 호칭이었는데 내 진심이 전해져서 다행이었다.

말 한 마디를 바꿈으로써 어떤 변화가 가능한지를 보여 주는 훌륭한 예가 있다.

수년 전 전미 트럭 회사인 PIE에서 있었던 일이다. 그 회사는 운송 계약의 60퍼센트가 잘못되어 매년 25만 달러에 달하는 손실을 보고 있었다. PIE사는 W. 에드워드 데밍 박사를 고용해서 그 이유를 알아 냈다. 회사 일꾼들이 컨테이너를 제대로 식별하지 않았기 때문이었다. 박사의 조언에 따라 PIE 간부들은 회사 전반에 걸쳐 질적 개선을 실행하기로 했는데, 일꾼들이 자신에 대한 인식을 바꾸는 것이 최선책이었다. 그래서 '일꾼'이나 '트럭 운전사' 대신에 스스로를 '장인'이라고 부르게 했다.

직업에 대한 호칭 하나를 바꾼다고 해서 무엇이 달라지겠는가? 그러나 얼마 지나지 않아 변화가 일기 시작했다. 그 말을 계속적으로 사용한 결과 일꾼들은 자신을 '장인'이라고 생각하기 시작했고, 한 달도 지나지 않아 56퍼센트에 달하던 PIE사의 배송 관련 실수는 10퍼센트로 줄어들었다.

이처럼 말 한 마디는 생각보다 훨씬 큰 힘을 가지고 있다. 또한 사람을 변화시키기도 하고 말 자체가 그 사람의 인격이 되기도 한다.

얼마 전, 나는 우연히 안철수 바이러스 연구소의 안철수 의장에 대한 글을 접하게 되었다. 직장인들이 닮고 싶은 CEO 1위의 자리를 수년간 지키고 있는 안철수 의장은 연구소에 근무할 당시, 가장 어린 직원에게도 꼬박꼬박 존댓말을 했다고 한다. 그 이유는 간단했다.

"그냥 습관이 돼서요."

그에게 존댓말을 사용하는 것은 매우 익숙하다. 그의 어머니가 지금까지도 아들에게 존댓말을 하기 때문이다. 어릴 때부터 어머니의 존댓말을 들으며 생활했던 그는 고등학교 시절, 택시를 타면서 이 사실을 깨달았다.

"어머니가 택시 타는 저를 배웅하면서 '잘 다녀오세요.'라고 인사하셨어요. 기사 분이 저에게 형수님이냐고 물으시더군요. 어머니라고 하자 그분이 삼싹 놀라면서 훌륭한 어머니를 뒀으니 나중에 그 은혜를 잊지 말라고 하셨어요. 그 전에는 어머니가 제게 존댓말을 쓴다는 사실을 인식하지 못했는데 그때서야 비로소 깨달았던 겁니다."

자식을 대할 때도 존중하는 마음을 가졌던 안철수 의장의 어머니. 그가 작은 벤처 회사를 한국 최고로 만들 수 있었던 데에는 상대방을 배려하고 존중하는 어머니의 마음이 뒷받침되었기 때문이지 않았을까. 나 역시 그런 배려와 존중의 마음으로 직원들을 대하고자 노력한다.

"상대방을 소중히 여기고 그 가치를 인정한다면, 자신이 더 잘난 사람이라는 걸 보여 주기 위해 상대를 깎아내릴 필요가 없을 것이다."라고 한 버지니아 캐슬의 말을 가슴 깊이 새기고 삶으로 살아 낸다면 사람 때문에 상처받고 좌절하는 이들이 줄어들지 않을까?

함께하는 사람을 행복하게 해 주는 how-to

1. 사랑은 품어 주는 것, 희생하는 것, 기도하는 것이다. 무엇보다 상대에 대해 감사하는 마음을 갖고 섬기는 마음으로 대접하라.
   "상대를 소중히 여기고 그 가치를 인정한다면 자신이 더 잘난 사람이라는 것을 보여 주기 위해 상대를 깎아 내릴 필요가 없을 것이다." – **버지니아 캐슬**

2. 부모에게 효도하라. 유대인들은 집안에 어른이 없으면 이웃 노인이라도 섬긴다고 한다. 그것이 복을 누리기 위한 기본이라고 생각하기 때문이다.

3. 가족의 무조건적인 신뢰와 믿음은 인격의 기초가 된다. 나를 믿고 사랑해 주는 사람들은 내 안에 또 다른 사랑이 자랄 수 있도록 씨앗을 심는 것이다.

4. 지지하는 피드백이 사람을 성장시킨다. 긍정적인 행동에 대한 칭찬은 행동이 일어난 직후가 제일 효과적이다. 한 마디에 진심을 담아서 구체적이고 정확하게 칭찬하라.

5. 동료들을 존중하라. 일이 잘 풀리고 승승장구할 때뿐만 아니라 어렵고 힘든 때에도 관계에 성실하라. 모든 친절함은 나에게 되돌아온다.

capacity | partnership

| 5 장 | 고객의 마음을 사라

다른 사람이 원하는 것을 얻도록 기꺼이 도와준다면,
당신도 원하는 것을 얻을 수 있을 것이다.
- 지그 지글러

은행 일을 하면서 나는 수많은 중소기업 경영자들을 만났다. 중소기업은 시장의 상황에 굉장히 민감하기 때문에 어려움을 겪는 분들이 참 많았다. 그들은 몸과 마음과 시간 모든 것을 회사에 바친다. 기업인들은 쉬는 날도 없다. 자나 깨나 '어떻게 하면 물건을 팔까? 새로운 것을 만들까?'라는 생각과 직원들을 어떻게 관리하며 기술 개발은 어떻게 해야 할지를 고민한다.

그들은 월급날만 되면 월급 걱정, 원자재 가격이 오르면 그 비용 때문에 밤잠을 못 잔다. 공장을 돌리고 있으면서도 적자가 나는 회사가 너무 많다. 원자재 가격이 올라가면 당연히 단가가 올라가야 하는데 대기업들은 오히려 단가를 내리려고 하니 여간 죽을 맛이 아니다.

이렇게 대개의 중소기업들은 일정한 단계에 올라가기 전까지는 엄청나게 고생을 한다.

"요즘은 주문이 들어와도 별로 반갑지 않습니다. 힘만 들지 돈이 안 되거든요. 갈수록 기업의 채산성이 떨어져서 공장을 해외로 이전할 수밖에 없는 형편입니다. 종업원 구하는 것도 힘들지만 관리하기는 더 힘듭니다. 차라리 공장을 임대해 버리거나 사업을 정리하고 싶은 생각을 하루에도 몇 번씩 하곤 합니다."

중소기업을 경영하는 분들을 만나면 대체적으로 이런 이야기를 많이 한다. 그들의 그러한 깊은 속사정을 들으면서 나는 이 나라에서 중소기업을 하는 분들에 대해 무한한 존경심을 갖게 되었다.

어디 기업인들만 어렵겠는가. 샐러리맨들 역시 어려움을 토로하기는 마찬가지다. 날이 갈수록 치솟는 물가에 눌려 주머니 사정은 한없이 초라해질 수밖에 없는 현실이다. 그들은 가족들을 위해 사회라는 정글 속에서 살아남기 위해 몸부림을 친다. 그래서 때로는 자기 몸을 혹사시키며 무리해서 일하기도 하고 부당한 대우를 받으면서도 눈 질끈 감고 참는 일이 많다. 한참 사용하다가 쓸모없어지면 버려지는 소모품처럼 샐러리맨의 삶 또한 고단하기는 마찬가지다.

기업과 직원은 따로 가는 평행선이 아니다. 서로 맞물려 있는 공생의 수레바퀴와 같다. 그래서 서로의 입장을 이해하고 더 나은 환경과 성장을 위해 함께 노력해야 한다.

은행과 기업의 관계도 마찬가지다. 은행은 냉정한 곳이다. 한 마디로 "자금을 더 이상 지원 못합니다." 하면 끝나는 것이다. 은행 영업점은 마치 기업의 대리점처럼 영업점별 손익을 따진다. 그리고 철저하게 위험에 대한 비용을 치러야 한다. 바로 신용등급이 낮은 업체에 대해서 일정한 수준의 충당금을 적립하는 방식이다. 이런 이유 때문에 신용등급이 낮은 업체에 대해서는 높은 금리를 요구하기도 하고 대출을 기피하기도 한다. 그렇기 때문에 기업하는 사람의 입장에서 볼 때, 힘들고 어려울수록 상의할 수 있는 사람이 필요하다. 그것 자체만으로도 큰 힘이 될 수 있기 때문이다.

나는 그들의 좋은 친구이자 파트너가 되고 싶다. 기업이 어려울 때 치료해 주는 주치의가 되고 싶다. 중소기업이 살아남을 수만 있다면 그리고 건강해질 수만 있다면 내 능력을 최대한 동원해서 그들을 도와주고 싶다. 누가 뭐래도 기업인이나 그 기업에서 일하고 있는 샐러리맨들은 이 나라를 이끌어가는 애국자이기 때문이다. 이들이 있어서 한국은 지금까지 올라왔다. 지금은 경제 상황이 극도로 힘들지만 이렇게 어려운 상황을 이겨 낼 사람들도 바로 이들이다. 정치가들은 이런저런 말을 하지만 결국은 어떤 상황이든 삶으로 살아 내고 포기하지 않고 나아가는 바로 이런 사람들 때문에 이 나라에 희망이 있는 것이다. 공생해야 할 이들이 서로를 조금씩만 이해한다면 이 힘겨운 시기도 잘 헤쳐 나갈 수 있으리라 생각한다.

보통 비즈니스가 실패하는 까닭은 자기 생각에만 빠져서 그것을 상대방에게 주입시키려 노력하기 때문이다. 비즈니스는 상대적인 것이기 때문에 그 사람의 입장에 서서 그 사람이 무엇을 원하고, 무엇을 필요로 하는지 알아야 한다. 또한 서로에게 이익이 되어야 하고 지속적이어야 한다. 상대를 배려하는 마음만 있다면 고객의 마음을 얻는 것은 어려운 일이 아니다.

마음을 사는 방법 1 : 궁하면 통한다

처음 영업부에서 근무할 때, 당시 '영업' 하면 고객을 잘 설득하여 금융 상품을 잘 팔 수 있도록 활동하는 것으로 인식되곤 했다. 당시 행원들은 각자 50만 원의 적금 계약액을 할당받아 고객을 유치해야 했다. 아무 배경과 인맥이 없는 나로서는 직접 몸으로 부딪치는 수밖에 없었다.

    나는 머리를 짜내 고객을 유치하기 위한 아이디어를 생각했다. 그리고 찾은 해답이 '찾아가는 서비스'였다. 당시만 해도 은행의 문턱이 높았기 때문에 고객이 와도 지금처럼 깍듯이 대접하는 분위기가 아니었다. 특히 주변 상인들이 신권이나 동전을 바꾸러 오면 "조금만 기다리세요." "지금 바쁘니까 나중에 오세요." 하면서 고자세를 유지했다. 나는 거꾸로 그들을 찾아가야겠다는 생각이 들었다. 하루에 한 시간씩 주변

시장에 나가 상인들에게 직접 신권과 동전을 바꾸어 주는 서비스를 하겠다는 기안을 입행 후 처음으로 올렸더니 좋은 아이디어라며 한번 해 보라고 흔쾌히 결재가 되었다. 나는 그 즉시 시장으로 나가 직접 가게를 돌며 서비스를 시작했다.

"기업은행에서 나왔습니다. 신권이나 동전이 필요하시면 바꿔 드리겠습니다."

상인들에게서 매우 큰 호응을 받았다. 일주일 뒤 휴가를 받아서 하루 시장을 못 나가자 그 다음 날 상인들이 난리였다. "어제는 왜 안 나왔어요? 못 나오면 미리 말을 해 줘야 할 것 아니에요?" 그들의 반응을 보고 시장 상인들이 이 서비스를 매우 만족해한다는 것을 알았다. 상인들은 점점 적금을 가입할 일이 있으면 곧바로 내게 와서 맡기게 되었다. 그렇게 되자 내가 할당받은 50만 원은 금세 채워졌다. 매월 영업부에서는 한 달에 한 번 있는 월례회 때 그달의 수상자를 정하고 포상을 했는데 포상금이 5,000원이었다. 나는 이 서비스 덕분에 포상금을 일 년에 11번이나 받을 수 있었다. 당시 나의 한 달 월급이 11,000원이었으니 월급의 50퍼센트를 보너스로 받는 셈이었다.

어떻게 이런 아이디어를 생각해 낼 수 있었을까? 나는 '절박함'이었다고 생각한다. 내가 모든 것을 갖춘 사람이었다면 이런 창조적인 생각을 할 수 없었을 것이다. 특출난 능력도 없었고 은행에 좋은 조건의 기업을 유치할 인맥도 없었다. 오로지 젊음과 패기밖에는 가진 게 없었고,

나처럼 평범한 일상에서 열심인 상인들밖에는 내가 유치할 고객이 없었다. 그러나 그들이 올 수 없었기에 내가 직접 찾아가야 했다. 나의 그런 절박함이 시장 상인들의 마음을 산 원동력이었다.

미국의 유명한 영화배우 잼 캐리도 이와 비슷한 이야기를 갖고 있다. 그는 영화 〈마스크〉, 〈라이어 라이어〉, 〈덤 앤 더머〉 등 다수의 작품에서 독특한 코미디 연기를 선보였다. 하지만 그의 과거 이력을 살펴보면 국민배우다운 점을 찾아 보기 어렵다. 그는 가난과 오랜 지병을 앓아 온 어머니를 보살피느라 아주 오랜 시간 우울증을 앓아 왔었다. 짐은 몸이 아픈 어머니를 조금이라도 웃게 하기 위해 우스꽝스러운 표정을 흉내 냈으며 벽에 부딪치거나 넘어지는 등의 우스운 행동도 마다하지 않았다. 그러던 중 그는 자신이 코미디에 재능이 있다는 사실을 발견하고 17살의 나이에 돈을 벌고자 토론토에 있는 코미디 클럽에 들어갔다. 그런 밑바닥 생활을 전전하다가 마침내 할리우드로 진출하게 된 그는 힘들었던 과거를 이겨 내고 현재는 영화 한 편당 2천 5백만 달러 이상을 받는 일류 배우로 우뚝 섰다.

그는 자신의 희극적 재능이 어디서 왔는지를 묻는 질문에 이렇게 대답했다.

"사람들이 뭔가를 이루려면 동기가 필요합니다. 내게 있어서 그것은 절박함이었습니다. 절박함은 뭔가를 배우거나 창조해 낼 수 있게 만들었죠. 어떤 일에 대해 당신이 절박함을 느끼지 않는다면 그 일에 흥미가 없다는 말이겠죠."

궁하면 통하게 마련이다. 절박함은 창조적 아이디어의 산물이기도 하다. 무엇보다 나는 그 사실을 자신 있게 이야기할 수 있다.

당신은 지금 얼마만큼 절박한가.

마음을 사는 방법 2 : 친절과 배려는 기본이다

노드스트롬 백화점은 세계 최고의 서비스로 유명한 곳이다. 이 백화점의 창시자인 존 노드스트롬은 스웨덴 출신으로 16살에 미국으로 이민왔다. 그는 벌목공, 광부, 철도 노동자 등 온갖 힘든 일을 하며 돈을 모아 작은 구두 가게를 열었다. 이 구두 가게로 오늘날 노스트롬 백화점의 신화를 일궈 낸 것이다.

이렇게 가난한 이민자로 밑바닥에서부터 시작한 존에게는 한 가지 원칙이 있었다. 세 아들들이 백화점에서 일하려면 허드렛일부터 시작해야 한다는 것이다. 그의 아들들이 백화점에서 일할 때는 청소부를 둘 여유가 없었기 때문에 그들은 아침 일찍 매장에 나와 청소를 깨끗이 해야 했다.

존은 손자가 고등학생이 되자 신발 매장에서 일을 배우도록 했다. 그리고 그들은 대학을 졸업할 때까지 신발 매장에서 일했다. 신발을 팔기 위해서는 반드시 고객에게 무릎을 꿇어야 한다. 신발이 고객의 발에 맞는지 확인하려면 무릎을 꿇는 것 말고는 방법이 없기 때문이다. 존은 무릎을 꿇고 일하는 것을 통해 손자들에게 노드스트롬의 서비스 정신을 가르친 것이다. 그리고 무릎을 꿇고 고객에게 감사할 줄 아는 마음 또한 가르쳤다. 고객이 없다면 노드스트롬도 없기 때문이다.

영업을 하는 데 있어서 가장 중요한 것이 바로 이러한 존중과 배려의 마음이다.

신입행원 때였다. 하루는 비 오는 날, 한 아주머니가 은행 안으로 들어오셨다. 내가 일어나서 반갑게 인사하자 그분은 내 앞으로 와서는 팸플릿을 보고 이것저것 질문을 하신 뒤 그냥 돌아가셨다. 나는 그 즉시 그분 뒤를 따라가 보았다. 그분이 어느 가게로 들어가시는지를 파악한 뒤, 다음 날부터 그 가게에 자주 들러 인사를 하고 내가 일하는 은행 지점과 거래해 줄 것을 부탁했다. 그분은 명함 찍는 사업을 하셨는데 돈이 제법 많은 분이었다.

"총각, 이렇게 자주 오니 반갑기는 하지만 미안하네. 마음 같아서는 당장 기업은행과 거래하고 싶지만 오랫동안 거래해 오던 곳이 있어서 쉽게 옮길 수가 없어."

"그럼요. 쉽지 않다는 거 압니다. 괜찮으니까 내쫓지나 마세요. 저도 그냥 인사드리는 것뿐입니다."

그러던 어느 날 그분이 병원에 입원했다는 소식을 듣게 되었다. 나는 얼른 병원으로 찾아갔다. 하지만 이미 퇴원하신 뒤였다. 수소문해서 집으로 병문안을 가 보니 아주머니는 팔에 깁스를 하고 계셨다.
"아주머니, 어떻게 되신 거예요?"
"계단에서 굴러서 이렇게 되었지 뭐야."
이야기를 들어 보니 아주머니가 돈을 빌려 주고 받지 못한 사람을 길에서 우연히 마주친 것이 화근이었다. 2층에 있는 다방으로 가 이야기를 나누던 중에 아주머니는 잠시 자리를 비우고 자신의 남편과 협의를 하기 위해 다방 문 앞에 있는 공중전화에서 통화를 하고 있었다. 그런데 빚을 진 그 사람은 아주머니가 경찰에 신고하는 것으로 오해하고 도망치려 했고, 엉겁결에 그분은 도망치는 사람의 어깨를 잡았다. 그 사람이 손을 뿌리치면서 아주머니는 바로 옆에 있던 2층 계단에서 굴렀고 팔까지 부러지게 된 것이다. 돈도 잃고 팔도 부러지고 정말 불행이 겹쳐서 일어났다.
"집까지 찾아와 줘서 고마워요. 내가 오랫동안 은행과 거래했지만 나 아프다고 집까지 문병 와 주는 사람은 처음이네요. 오늘부터 내가 갖고 있는 예금을 서서히 기업은행에 예금해 줄게요."
그 뒤로 그분은 지금까지 기업은행과 거래하고 있다. 뿐만 아니라 그분의 아들과 손자까지 3대에 걸쳐 나와 인연을 맺고 있다.
큰일을 이루려고 계획을 세우고 열심을 내는 사람들이 종종 잊고 있는 사실이 있다. 사람의 마음을 움직이는 것은 상대방을 배려하는 마음과 이런 작은 친절이라는 사실 말이다.

마음을 사는 방법 3 : 고객과 함께 성장하라

구로동 지점에서 근무할 때다. 어느 날 갑자기 창구에서 연락이 왔다. "고객 한 분이 지점장님을 직접 뵙고 상담을 하고 싶다고 합니다. 사전에 아무런 연락도 없었는데 어떻게 하죠?"

직원의 안내로 응접실 안으로 들어온 분은 (주)동광인터내셔널 이재수 사장이었다. 그분은 나를 만나자마자 명함을 주며 이렇게 말했다.

"미안하지만 하도 급해서 왔습니다. 저희가 사업장을 구로동에 장만하고자 합니다. 그래서 본사 사무실 겸 생산 공장으로 사용할 계획으로 매물로 나와 있는 여러 공장을 방문해 보았는데 마침 마음에 꼭 드는 공장을 발견했습니다. 현재 전자 부품을 생산하고 있는 구로3공단에 위치하고 있는 전자 부품 회사입니다. 돌아보니 우리 회사의 공장으로 사용하기에 안성맞춤입니다. 그런데 준비된 자금이 충분치 않은데 매각이 급히 진행되고 있다고 합니다. 당장 결정해야 해서 부득이 이렇게 사전에 연락 없이 왔습니다. 이해해 주십시오."

매각 상담이 이루어지고 있는 그 공장은 전자 부품 생산 업체로 오랫동안 우리 지점과 거래를 잘하고 있었지만 계속적인 납품가격 인하 등으로 고전을 하고 있었다. 그리고 공장을 매각하고 구조조정을 한다는 소문이 돌고 있었다. 누가 그 공장을 매입할지 관심이 높았다. 어느 기업에서 가격 협상중이다, 어느 기업에서 인수할 것이다, 라는 소문이 있었다. 은행에서도 담당 책임자와 함께 여러 차례 기업을 방문하면서 구조조정에 관하여 함께 의논하며 컨설팅 역할도 했다. 매각하는 사장님은 아무래도 잘 아는 한 기업이 인수할 것 같다면서 만일 그 기업이 자금 준비에 어려움이 있으면 은행에서 적극적으로 융자 지원을 해 주었으면 한다는 등 많은 대화를 나누고 있는 상황이었다. 그런데 전혀 들어보지도 못하고 거래도 없는 업체의 사장이 불쑥 나타나 대출을 해 달라는 것이다. 그는 자신의 기업 재무구조 상태까지 말해 주며 이렇게 말했다. "이 공장을 사고 싶습니다. 우리 회사는 의류 제조업체로서 소규모 중소기업이지만 여기에서 꿈을 이루고 싶습니다." 그러면서 현재 가지고 있는 여유 자금을 밝히며 은행에서 융자를 어느 정도 해 줄 수 있는지 확인한 후에 계약하고 싶다고 설명했다.

간단한 대화이고 처음 만난 자리였지만 이 사장의 태도는 매우 진지했다. 어떻게든 이 공장을 통하여 제2의 사업으로 도약하고자 많은 구상을 한 흔적과 강한 의지를 볼 수 있었다.

그간의 사업 내용과 계획은 대충 알 수 있었다. 그래서 대출을 결정하기 위해 사업성 검토와 전반적인 심의를 해야 하는데 시간이 다소 걸릴 것이라고 설명을 했다. 그렇지만 이 사장은 기다릴 시간이 없으니 Yes인지 No인지를 지금 당장 결정해 달라고 했다. 만약 부정적인 느낌이 들면 다른 은행으로 달려가서 상담할 기세였다. 마음이 조급한 것 같았지만 태도만큼은 정중하면서도 자신감이 넘쳤고 단호했다.

그는 매입자금의 20퍼센트는 자체적으로 준비할 테니 나머지는 은행에서 책임지고 융자해 달라고 부탁했다. 그간 은행 거래에 이런 경우는 없었다. 기업에 대한 정보도 없고 거래 실적도 전혀 없어 판단하기가 쉽지 않지만 결정을 해야만 했다. 겉으로는 태연하게 대했지만 참으로 난감한 상황이었다.

이 회사의 대표적인 브랜드는 지피지기(ZPZG)였다. 이 사장에게는 잠시 화장실에 다녀오겠다고 한 뒤 나는 잠시 나와 젊은 직원들에게 그 회사에 대해 물어보았다.

"지피지기라는 옷 알아?"

"값싸고 디자인이 좋아 요즘 인기가 최고예요."

나는 직원들의 답변을 듣고 내가 의류에 대해서 잘 모르고 있었구나 하는 생각을 했다. 그리고 그 사람이 짧은 시간 동안 보여 준 열정과 자신감을 떠올려 보았다. 나는 이 고객이 우리 은행에서 거래할 수 있도록 최선의 방법을 찾기로 결심했다. 진실한 대화로 판단할 수밖에 없었기에 나는 다음과 같이 제안했다.

"만일 이 사장님이 지금 말씀하신 것이 모두 사실이고 서류 제출시 확인이 된다는 전제로 약속하겠습니다."

"좋습니다."

몇 십억 원의 대출을 1시간 안에 결정해야 하는 경우는 처음이었다.

이 사장이 급히 나간 뒤에 책임자들과 지피지기 회사에 대한 회사 내용을 파악하고 협의를 하는 중에 이 사장으로부터 연락이 왔다.

"금방 계약을 했습니다. 차질 없이 진행해 주십시오."

상담 후 불과 몇 시간이 지나지 않아 바로 공장 매매 계약이 이루어졌다. 그래서 융자 절차를 신속히 진행해야 했다. 진행하면서 조사해 보니 상담할 때 들었던 내용보다 기업 상황도 건실하고 좋아서 모든 처리가 성공적으로 이루어졌다.

이 사장은 업무에 열정적으로 매진하며 존경스러울 정도로 일에 최선을 다했다. 계속 제품을 개발하며 지피지기를 통해 인지도를 높이는 것은 물론 숲(SOUP), 스위트 숲(SWEET SOUP), 비지트 인 뉴욕(VISIT in NEWYORK), 애드 혹(AD HOC)이라는 브랜드를 출시하면서 지속적으로 성장하고 발전했다. 급기야 2007년에는 2천억 원 이상의 매출을 올렸다.

지피지기는 공장 입주 후에 계속 성장했고, 주변이 발전하면서 더불어 그곳도 상업의 중심지가 되었다. 얼마 후에는 정문 옆에 물류창고도 새로 짓게 되었는데 당시 그 주변에는 은행 지점이 없었다. 거기에 지점을 신설하면 은행 거래도 활성화되고 업무 신장에도 크게 도움이 될 것이 틀림없었다. 그래서 물류창고 일부를 기업은행 지점으로 활용했으면 좋겠다고 제안을 했는데 이 사장의 적극적인 협조로 새로운 지점을 신설할 수 있었다.

어떤 때는 짧은 순간의 결정이 개인사나 어떤 관계에 큰 획을 긋기도 한다. 지피지기의 이재수 사장이 뚝심으로 공장 매입을 결정한 점이나, 짧은 순간에 파악한 그의 됨됨이를 믿고 우리가 융자를 결정한 점도 그런 맥락에서 본다면 큰 획을 그은 것이다. 우리는 서로를 믿었고 서로에게 도움이 되는 관계를 형성했다. 나는 고객과 기업의 꿈을 함께 이루어 가는 은행가이고 싶다.

미국 최대 규모의 가정용 건축 자재 유통 회사인 홈데포의 창업자인 버니 마커스는 철저한 고객 중심의 서비스로 성공한 사람 중에 한 명이다.

하루는 한 친구가 버니를 찾아왔다.

"세상에, 며칠 전 자네 회사에서 멍청한 직원을 만났네. 그런 직원은 얼른 해고시키는 게 좋을 거야."

"왜? 직원이 무슨 잘못이라도 했나?"

"우리 집에 수도꼭지가 고장 나서 이번 주에 자네 회사 매장에 수도꼭지를 사러 갔네. 내가 광고에서 본 수도꼭지를 달라고 했더니, 그 멍청한 직원이 뭐라고 했는지 아나? 1달러 50센트만 내면 지금 사용하고 있는 수도꼭지를 새것처럼 수리해 줄 수 있다는 거야."

"자네가 사려고 한 것은 얼마짜리였나?"

"200달러짜리였네. 200달러를 벌 수 있는데 고작 1달러 50센트에 수리를 해 주겠다니 이게 말이 되나? 이런 식으로 영업하면 자네 회사는 망하고 말 거야."

"그 직원 이름이 뭔가?"

"해고하려고?"

"아니, 승진시켜야지."

"회사에 손해를 입혔는데 승진을 시키겠다고?"

"그는 내가 정한 회사의 방침을 잘 지켰네. 나는 평소에 사원들에게 '손님이 요구하지 않은 것은 팔지 마라. 손님의 돈을 절약해 주는 것이 우리의 임무다.'라고 말해 왔거든. 만약 자네의 집 수도꼭지가 또 고장 나서 새것을 사야 한다면 어느 가게로 가겠나?"

"그거야 그 직원이 있는 가게로 가겠지."

"그것 보게. 당장 물건을 비싸게 판다고 해서 좋은 게 아니야. 고객에게 도움을 주는 것이 결국에는 회사에 도움이 되는 거야."

당장 눈앞에 보이는 이익보다 더 중요한 것은 함께 성장하는 것이다. 서로가 서로에게 든든한 지지대가 되어 줄 때 더욱 튼튼하게 자랄 수 있기 때문이다.

마음을 사는 방법 4 : 믿을 만한 사람이 되라

평촌 지점장으로 일할 때였다. 송암 시스콤이라는 회사에 찾아가 기업 은행에 대해 소개한 적이 있었다. 80여 명의 종업원이 근무하는 튼실한 중소기업이어서 거래를 트고 싶었지만 이미 다른 은행과 거래를 하고 있었다.

이해규 사장님은 점심시간이 되었으니 회사 공장에서 점심을 먹고 갈 시간이 되느냐고 물었다.

"저희 구내식당이 괜찮습니다. 점심 같이 하고 가시죠?"

"저야 좋습니다."

나는 기업체를 방문할 때 꼭 보는 것이 있다. 바로 사무실, 화장실, 식당, 그리고 직원들의 표정이다. 그 네 가지만 보더라도 그 기업의 사정이나 분위기가 어떤지 알 수 있기 때문이다. 그런데 그날 식당에 간 나는 깜짝 놀랐다. 모든 직원들이 반찬 하나 남김없이 깨끗하게 밥을 먹었기 때문이다. 오죽하면 잔반을 버리는 통조차 보이지 않을 정도였다.

"우리나라 음식물 쓰레기가 8조 원에 이른답니다. 이게 말이 됩니까? 저희 회사라도 음식물 쓰레기를 줄여야 되겠다 싶어서 철저하게 실천하고 있어요."

나는 이 사장님의 설명을 듣고 큰 감동을 받았다.

뿐만 아니라 그분은 평촌 지점의 이업종 교류모임 회원들에게 음식물 쓰레기 만들지 않기 캠페인을 전파하고자 점심시간에 기업체 탐방을 주최하기도 했다. 이렇게 타 기업과 긴밀한 유대를 가지면서 사업도 잘하고 경영 철학도 존경스러워 그가 믿을 만한 사람이라는 확신이 들었다. 그래서 나는 "사장님, 어려울 땐 언제든지 말씀하십시오. 10억 한도 내에서 대출해 드리겠습니다."라는 통 큰 립서비스를 하고 말았다.

그리고 한 달 뒤, 이 사장님이 은행으로 찾아오셨다.

"그때 저에게 말씀하신 거 있죠? 마침 제가 10억이 필요합니다. 대출 좀 부탁하겠습니다."

1995년 당시만 해도 10억은 큰돈이었다. 그냥 기분 때문에 한 말이었는데 이렇게 진짜로 대출을 부탁하리라고는 꿈에도 생각하지 못했다. 그래도 나는 그분과의 약속을 지키고 싶었다. 그래서 본부와 협의를 했더니 너무 큰 액수라면서 대출 신청 금액을 줄이도록 검토하라는 요청이 왔다.

나로서는 이미 한 말이 있어서 꼭 약속을 지키고 싶었다. 그래서 사업 내용을 면밀히 파악하여 본부와 협의했다. 담보는 부족하지만 사업성과 경영자의 경영 능력 등 철저한 심사를 통하여 많은 논의 끝에 대출 지원이 확정되었다. 그런데 2개월 정도 지났는데도 대출된 돈이 여전히 통장에 예치되어 있었다. 무슨 일인가 싶어서 이 사장님께 전화를 했다.

"대출되고 기일이 꽤 지났는데도 집행되지 않았네요. 사업 계획에 혹시 차질이 생겼거나 변경이 된 것은 아닌지요. 무슨 일이 있으십니까?"

"아, 그거요? 유 지점장님이 10억을 대출해 준다는 말을 듣고 깜짝 놀랐습니다. 우리 회사를 그렇게 인정해 준 것이 너무 감사해서 그 말이 진심인지 알고 싶었습니다."

일종의 테스트였던 것이다. 그분은 10억을 상환하시면서 그간의 이자를 부담했지만 은행에서 이렇게 인정해 준 것에 대해 정말 고맙다고 했다. 그리고 그날 이후로 이 사장님은 모든 거래를 기업은행으로 바꾸어 주셨다. 이 사장님은 아직까지 평촌 지점 최고의 거래처다.

나로서는 황당한 경험이었지만, 그 일을 통해 몇 가지를 배울 수 있었다. 첫째는 작은 일에서 성실한 사람이 대체로 큰일에도 성실하다는 점, 둘째는 함부로 약속을 남발해서는 안 된다는 점, 셋째는 자신이 한 약속은 어떻게든 지켜야 한다는 점이다.

언젠가 평촌 지점 방문할 일이 있어서 이 사장님께 연락을 했다. 사무실에 계시면 찾아뵙겠다고 했더니 매우 반가워하시며 꼭 차 한잔 하고 가라고 해서 회사를 방문했다. 이 사장님은 반갑게 맞이하며 사장실에서 차를 마시고 우리를 식당으로 안내했다. 건물을 깨끗하게 리모델링한 것 이외에는 13년 전이나 지금이나 크게 변함이 없었다. 달라진 것이 있다면 전작인 『마음에 꿈을 그려라』에 소개한 음식물을 버리지 않는 송암 시스콤에 관한 부분을 복사하여 식당 테이블 유리판 사이에 끼어 놓았다는 점뿐이었다. 직원들이 식사를 하면서 초심을 잃지 않고 음식물을 버리지 않도록 하기 위해서라고 말씀하셨다.

버려지는 음식물 양이 얼마나 되는지 궁금해서 환경재단에 문의해 보았다. 그랬더니 현재 15조 이상으로 추정된다는 이야기를 들었다. 자원 낭비는 물론 얼마나 환경을 오염시키고 있는지를 생각하면 큰 우려가 되지 않을 수 없다. 잔반을 남기지 않는다는 것은 어떻게 생각하면 별일 아닌 것 같지만, 그런 작은 마음가짐과 결심 하나가 국가 경쟁력에 보탬이 되고 나아가서는 이 지구의 환경을 지킨다는 점을 생각하면 무엇 하나 소홀히 할 수 없다는 것을 깨닫게 된다.

경영자의 기업철학은 중요하다. 건강한 기업철학을 갖고 있는 이해규 사장님과 같은 사람이 많아졌으면 하는 것이 나의 바람이다.

건강한 기업가와 서로 신뢰를 쌓아 가는 것. 정말 흐뭇한 일이 아닐 수 없다.

마음을 사는 방법 5 : 원칙을 갖되 사랑으로 행하라

"동냥은 못 주더라도 밥그릇은 깨지 마라."

참으로 가슴에 새겨 둘 만한 말이다. 10명을 상담한다고 치면 몇 명이나 대출을 해 줄 수 있겠는가? 사실 거절하는 쪽이 더 많다. 문제는 상담하러 오는 사람들은 정말 힘들게 온다는 사실이다. 돈 빌려 달라는 이야기를 꺼낸다는 것은 결코 쉬운 일이 아니다.

나는 9년 동안 지점장으로 근무하면서 나만의 노하우를 갖고 있었다. 나는 현장을 계속 파악하고 기업체를 방문하곤 했는데 그것은 가서 차만 마시고 오는 단순한 방문이 아니었다. 사장을 만나기도 하지만 대개는 기업체의 문화와 내용을 보기 위해 간다. 그래서 화장실도 가 보고, 직원들의 얼굴도 살피면서 회사의 분위기와 문화를 파악한다. 직원들의 눈빛이 살아 있고, 화장실이 청결한 상태로 정리되어 있고, 사무실이 잘 정리되어 있는가를 본다. 특히 과시용으로 회사와 별로 관계가 없는 표창과 장식품 등을 진열해 놓은 곳도 있는데 이런 것은 여지없이 마이너스 요소다.

그 사람이 현재 어떤 활동을 하고 있는지 내용을 알아 낸 다음 기업 경영을 잘할 수 있겠는지, 사업에 전념하고 있는지, 종업원과의 관계는 어떤지, 성실한지, 경영자로서의 문제는 없는지 등을 꼼꼼히 살핀다. 모든 문제는 경영하는 사람과 연관되어 있어 기업가의 자세가 무엇보다 중요하기 때문이다. 그래서 내 경우에는 회사에 대한 자료는 당연히 중요하지만 현장을 더 중요하게 생각하므로 혹시라도 자금이 더 필요하다면 얼마까지 더 지원해 줄 수 있다, 라는 식으로 먼저 그림을 그린다. 내가 현장을 파악하고 있기 때문에 가능한 일이다.

"1억만 대출해 주십시오."

"제가 잘못 판단한 건지는 모르겠지만, 제가 볼 때는 2-3억은 있어야 할 것 같은데요. 그래야 회사가 돈 걱정 안 하고 사업에 신경 쓰실 수 있지 않습니까?"

그러면 그 사람은 완전히 감동을 받는다. 1억도 겨우겨우 이야기를 꺼냈는데 2-3억이라니. 그러다 보니 부도가 나더라도 다른 은행 대출금은 갚지 못하더라도 어려울 때 도와준 고마움으로 기업은행 대출금은 상환하는 경우를 많이 보았다.

회사가 어려움에 처하게 되었을 때 찾아와 상의를 하는 경우도 많다. 진실하게 마음을 나누고 이야기를 들어 주고 사정을 알아 주었기 때문에 부도가 나더라도 빚을 갚을 수 있는 것이다.

반대의 경우도 있다. 아주 입장이 곤란한 데서 부탁을 하는 경우가 있는데 일단 가서 문제가 있다고 판단하면 절대 대출을 해 주지 않는다. 그 대신 부탁한 사람에게 미리 연락을 해서 설명을 자세히 해 준다. 이러이러한 문제가 있어서 아무리 생각해도 안 되겠으니 양해 바랍니다, 라고 말하며 어느 정도 선까지 매출액이 오르면 대출이 가능하니 조금만 더 노력하라고 격려한다. 대출을 거절당한 사람도 은행이 자신의 기업 때문에 고심하는 것을 보고 또 가능한 목표치를 정확히 제시해 주기 때문에 희망을 버리지 않을 수 있다.

부탁을 들어 주는 것만이 능사는 아니다. 때로는 거절하면서도 그 사람 입장에서 힘과 용기를 주는 것도 필요한 일이라고 생각한다. 그리고 이것이 동냥은 못 줄 망정 밥그릇은 깨지 말아야 한다는 전 행장님의 가르침이기도 하다.

사업하다가 돈 빌리겠다고 어렵게 찾아온 사람에게 "당신 안 돼. 이것밖에 안 되잖아!"라고 말하면 진이 다 빠져서 사업이고 뭐고 다 때려치우고 싶은 마음이 들지 않겠는가. 그들의 의욕과 의지는 보호해 주는 것, 그것 또한 은행의 역할이 아닐까.

이와 관련해서 내 나름의 좋은 원칙이 되는 이야기가 있다.

미국에서 사랑받는 정치인 중에 '라과디아'라는 사람이 있다. 그는 유능하면서도 지혜롭기로 유명한 판사였다. 어느 추운 겨울 날, 한 노인이 빵집에서 빵을 훔친 죄로 경찰에게 붙잡혔다. 가족들이 굶는 것을 보고 있을 수 없어 빵을 훔친 노인은 라과디아 판사에게 자신의 처지를 설명했다.

"제가 죄를 지었다는 것은 압니다. 하지만 배가 고파 우는 아이들을 가만히 보고 있을 수만은 없었습니다."

눈물을 흘리는 노인의 모습은 매우 처량했고, 법정에 있는 사람들의 마음은 연민으로 움직였다. 하지만 라과디아 판사는 단호한 판결을 내렸다.

"처지는 딱하지만 법에는 예외가 없소. 그러니 벌금으로 10달러를 내시오."

그 말이 끝남과 동시에 그는 주머니에서 돈을 꺼내며 말을 이었다.

"10달러는 여기 있소. 먼저 이 돈으로 벌금을 내시오. 그리고 이 법정에 있는 모든 사람들에게 50센트씩 벌금을 부과하겠소. 여러분은 이웃 주민이 살기 위해서 빵을 훔쳐야 할 정도로 어려운 상황에 처했을 때 아무런 조치도 취하지 않았기 때문이오. 경사, 당장 벌금을 걷어서 저 노인에게 주시오."

사람들은 기꺼이 벌금을 냈고, 경찰관은 모자를 돌려 방청객들로부터 받은 벌금 47달러 50센트를 노인에게 주었다.

얼마나 아름다운 배려인가. 원칙은 지켜야 하지만, 기본적인 사람에 대한 도리를 다하는 것. 이것은 내가 은행에서 일하면서 지키려 했던 원리였다.

마음을 사는 방법 6 : 위기에 빠진 고객을 구출하라

두부전문점 고두방의 김주년 사장은 잊을 수 없는 고객 중 한 명이다. 기업하는 사람들은 내일 일을 알 수 없지만 특히 김 사장은 수많은 우여곡절을 겪었다.

내가 처음 김 사장을 만난 것은 그가 시흥의 기아 자동차에 들어가는 부품을 제조하는 회사를 운영하고 있을 때였다. 그다지 규모가 크지는 않지만 나름 튼실한 운영을 해서 전도유망한 중소기업으로 주목받고 있었다. 그런데 문제가 엉뚱한 곳에서 터지고 말았다. 공장에서 한 실습생이 실수로 기계를 넘어뜨려 완전히 못쓰게 만들어 버린 것이다. 수입해서 들여온 기계였던지라 수리를 한다 해도 몇 달을 기다려야 할 형편이었다. 기계를 가동해야 수익을 내는데 멈춰 버리니 매출이 엄청나게 떨어져 버렸다.

매출이 떨어지자 김 사장은 그 전에 거래처에 끊어 놓은 어음을 막을 길이 없어 나를 찾아왔다. 도와달라고 했지만 1~2억 대출을 해 주는 것으로 문제가 해결될 것 같지 않았다. 작은 실수가 엄청난 재앙을 몰고 온 것이다. 사정이 딱하다고는 하지만 그렇다고 해서 무작정 대출을 해 줄 수도 없는 노릇이었다.

내가 곤란해하자 김 사장은 "몇 억으로 부도를 막을 수 없다는 것을 저도 압니다. 여기저기 끊어 놓은 어음은 부도 처리를 해도 종업원들에게는 그동안 밀린 월급을 지급해 주고 싶습니다. 그리고 그들하고 다시 한 번 회사를 일으켜 보고 싶습니다."라고 부탁했다.

보통 이런 경우 사장이 잠적해 버리는 것이 통상적인 일이다. 그런데 다른 사람들과 달리 은행에 찾아와 현 상황에 대해 의논하고 직원들의 임금을 걱정하는 그의 모습이 매우 인상적이었다. 신뢰할 수 있는 사람이라는 생각이 들었다.

다음 날 나는 여신 담당 책임자와 함께 그 회사를 찾아가 직원들을 모아 놓고 이야기했다.

"여러분도 알다시피 지금 이 회사는 위기입니다. 그런데도 사장님은 나를 찾아와 직원들의 밀린 임금부터 해결하고 싶다고 이야기했습니다. 우리 기업은행은 힘이 닿는 데까지 김 사장님을 도와서 여러분의 밀린 임금을 해결해 드릴 것입니다. 그러니까 여러분도 사장을 믿고 힘을 모아 이 회사를 다시 살려 주시기 바랍니다."

직원들 사이에서 박수가 터져 나왔다. 결국 회사는 부도 처리됐지만 사람들은 흩어지지 않았다. 그 뒤 김 사장은 직원들과 함께 열심히 일해 어느 정도 공장을 제 궤도에 올려 놓았다. 하지만 또 다시 김 사장에게 악재가 생겼다. 이번에는 한 직원이 사람들을 모아 다른 회사를 차려 버린 것이다. 이번에는 김 사장도 적잖이 타격을 받았다. 사람에 대한 배신감이 더 컸기 때문이다. 그래서인지 그는 의욕을 완전히 상실해서 공장을 폐업처리하고 말았다.

얼마 뒤 그는 다시 나를 찾아와 식당을 하겠다며 대출을 부탁했다. 그는 두부를 주 메뉴로 하는 식당을 하면 잘 될 것이라면서 자신이 확보할 수 있는 고객 명단까지 나에게 보여 주었다. 그동안 사업을 하면서 만난 사람들의 명단이었다.

나는 잠시 머뭇거렸다. 그러자 김 사장은 가족까지 동원해 나에게 매달렸고 나는 그가 전에 보인 모습들을 생각하며 대출을 결정했다. 그렇게 해서 김 사장은 두부전문점 고두방을 오픈했다.

개업하고 찾아가 보니 손님들이 꽤 있었다. 나도 잘 되기를 바라는 마음에서 다른 사람들을 동원해 몇 번 찾아가서 식사를 하곤 했다. 하지만 한 달쯤 지나자 문제점이 드러나기 시작했다. 찾아가 보니 붐벼야 할 점심시간에 한두 테이블에만 손님들이 앉아 있고 파리만 날리고 있는 것이 아닌가.

"음식 맛이 안 좋은가 봐요. 처음에는 손님들이 호기심으로 찾아왔는데 소문이 잘못 났는지 요새는 영 손님이 없어요."

다시 어깨가 축 늘어진 김 사장을 보자 마음이 답답해지면서 안타까운 생각이 들었다. 음식점은 일단 맛과 입소문이 중요한데 두 가지 모두 실패했던 것이다. 무엇보다 나는 그가 여기서 또 주저앉을까 봐 걱정이 되었다. 자신의 의지와는 상관없이 실패를 경험하고 배신까지 당하며 겨우겨우 일어서려 노력하는데 또 다시 실패한다면 그가 견딜 수 있을지 의심스러웠다. 하지만 김 사장은 다시 힘을 냈다.

그는 이대로 가게 문을 닫을 수 없다는 굳은 결심을 하고 전국 방방곡곡을 다니며 유명한 두부 맛집을 찾아다니기 시작했다. 그리고는 형수에게 자신이 찍어 온 사진과 자료를 주며 새로운 두부 요리를 개발하기 위해 노력했다. 결국 끈질긴 노력 끝에 그는 두 달 뒤에 새로운 두부 요리를 만들어 냈고 다시 고두방은 승부수를 띄웠다.

이번에는 확실히 달랐다. 전하고는 비교도 되지 않을 정도로 고유한 맛을 개발해 낸 것이다. 그러나 그렇다고 해서 금세 문전성시를 이룬 것은 아니었다. 워낙 오랫동안 침체 속에 있던 가게였던지라 좀처럼 손님이 들어서지 않았다.

돌파구가 보이지 않던 고두방에도 드디어 가느다란 햇빛이 들기 시작했다. 어느 날 신문사 기자가 전화를 해서는 식당을 단독으로 소개하고 싶다고 한 것이다. 그 기자는 북한에서 망명한 황장엽 씨와 등산을 한 뒤 우연히 이곳에 들러 식사를 한 적이 있는데 그때 무척 맛있게 먹은 모양이었다. 그는 신문에 단독으로 고두방을 소개하고 싶다고 했다.

김 사장은 거절할 이유가 없어 오라고 했는데 그때만 해도 의심스러위 별 기대를 하지 않았다. 하지만 며칠 뒤 정말로 고두방은 일간 신문에 커다랗게 소개되었다. 그 이후로 고두방을 찾아오기 위해 장소를 묻는 문의전화가 빗발쳤고 한번 온 손님들은 새로 개발한 두부 요리에 반해 입소문을 내 주었다.

결국 김 사장은 6년 만에 모든 빚을 갚았고 지금도 성황리에 고두방을 잘 운영하고 있다.

고객이 잘 되어야 은행도 잘 된다. 고객이 조금 위기에 빠졌다고 해서 곧바로 모른 척하며 거래를 중단하는 것은 장기적으로 볼 때 모두를 망하게 하는 것이다. 고두방의 성공은 나에게 그러한 진리를 가르쳐 주었다.

고객의 마음을 사는 how-to

1. 절박함이 아이디어를 낳는다. 더 이상 갈 수 없는 절벽에 있다면 감사하라. 그때야말로 가장 빛나는 아이디어가 나오는 타이밍이기 때문이다.

2. 고객의 마음을 얻어야 한다. 고객을 '돈 버는 수단'으로 전락시켜서는 안 된다. 고객의 필요, 아픔을 나누고 신뢰를 쌓아 가라. 그러면 함께 성장하는 기쁨을 누릴 수 있다.

3. 힘 있을 때뿐만 아니라 힘이 없을 때도 한결같이 친밀한 관계를 유지하라. 모든 관계는 성실해야 한다. 힘에 좌우되는 관계가 아니라 성실함이 기초가 된 관계를 구축하라.

4. 그 사람의 입장에 서서 생각하라. 역지사지는 모든 인간관계의 황금률이다. 다른 사람의 입장이 되어서 이해하지 못할 것은 아무것도 없다.

5. 원칙을 갖되 사랑으로 행하라. 거절도 포용의 한 부분이다. "No"라고 말해야 할 때는 정확한 기준을 갖고 판단하되 다시 일어설 수 있는 격려와 사랑을 함께 전하라.

6. 위기에 빠진 고객을 구출하라. 서로에게서 이익만 추구하는 관계는 오래가지 못한다. 고객이 위기에 빠졌을 경우 함께 고민하고 그들의 이야기에 귀를 기울인다면 성공 파트너가 될 수 있다.

capacity | partnership

| 6장 | **겸손과 열정의 파트너, 적과 라이벌**

당신이 경쟁해야 할 유일한 사람은 바로 당신이다.
그것보다 더 공정한 경쟁은 바랄 수 없다.
- 토드 루스만

한 성자가 있었다. 그의 곁에는 항상 그를 괴롭히는 한 남자가 있었다. 그 남자는 성자를 만나기만 하면 온갖 트집을 잡으며 욕설을 퍼부어댔다. 누가 들어도 억지가 틀림없었기 때문에 사람들은 성자가 왜 그의 욕설을 잠자코 듣고만 있는지 의아하게 생각했다.

그날도 남자는 길에서 우연히 성자를 보고 달려와서는 "당신이 이야기하는 모든 것은 다 썩어빠진 이론이야. 그러니 이 동네에서 더 이상 얼씬거리지 말고 썩 꺼져 버려. 당신을 보기만 해도 난 재수가 없으니까!"라며 고래고래 소리를 질렀다. 그 남자의 모욕과 소동에 별 대꾸를 하지 않고 잠자코 있던 성자가 그에게 조용히 물었다.

"여보게. 만약 자네가 누군가에게 어떤 물건을 주려고 하는데 그가 받지 않는다면 그 물건은 누구의 것인가?"

예상치 못한 성자의 질문에 당황한 사내가 더듬거리며 대답했다.

"그…… 그야 뭐, 당연히 내 것이지."

사내의 대답을 들은 성자는 빙그레 웃으며 이렇게 말했다.

"그렇지? 받지 않는 물건은 원래 주려고 했던 사람의 것이지. 그렇다면 이건 어떤가? 지금까지 자네는 나를 항상 욕했지만 나는 그 욕을 받아들이지 않았어. 그러면 그 욕설은 누구에게 향하겠나?"

그제야 남자는 그 말의 의미를 깨닫고 부끄러워하며 급히 자리를 떠났고, 그 뒤로 다시는 성자에게 욕설을 퍼붓지 않았다.

이 예화는 나에게 다른 사람의 비방이나 방해, 모함에 대해 어떠한 마음으로 대처해야 하는지 잘 가르쳐 주었다. 비방을 들었다고 해서 바로 날을 세우는 것이 아니라 스스로 비방의 칼을 거둘 수 있도록 하는 것. 그것은 넓은 품이 없으면 불가능한 일이다.

어디에나 나를 찌르는 가시는 있다

직장에서도 보면 꼭 가시 같은 사람이 있기 마련이다. 나에게도 항상 나를 견제하며 계속 곤경에 빠트리는 사람이 있었다.

"저 사람은 상업학교 나와서 지점장이 된 것만으로도 감지덕지 해야지 왜 더 욕심을 부릴까?"

　이런 편협한 생각을 갖고 있는 사람이 있었다. 그런 사람은 어떻게 해서든지 내가 부행장으로 승진하는 것을 막기 위해 방해를 하곤 했다. 실제적으로 영향력을 행사할 수 있는 사람이 나에 대해 좋지 않은 인상을 가지고 있으면 더욱 어려움이 컸다. 그 사람을 따르는 사람이 많다 보니 자연히 다른 사람들에게도 그런 인식이 심어지기 때문이다. 처음에는 그런 사람들과 가깝게 지내 보려고 노력도 해 보았지만 기회조차 얻지 못할 때가 많았다. 그들 사이에 비집고 들어갈 틈새가 전혀 없었던 것이다.

　승진 발표가 있을 때마다 그런 압박과 설움을 당하면서 왜 내가 밀려나는지 곰곰이 생각해 보았다. 결국은 그분들이 자기 사람을 지키기 위해 그런 것뿐이라는 결론을 내렸다. 특별히 내가 마음에 들지 않은 것은 아니지만 자신을 따르는 사람을 키우려 하다 보니 그럴 수밖에 없는 것이라고 이해했다.

　아무런 배경도 없는 내가 이러한 상황을 어떻게 극복해야 할지 생각해 보았지만 방법이 떠오르지 않았다. 결국은 다시 원점으로 돌아갈 수밖에 없었다. 다른 사람은 어떤 수를 쓰든지 간에 나는 영업 실적으로 승부를 걸겠다는 각오를 다졌다.

　'나에게는 하나님이 계시지 않은가. 다른 사람들이 어떻게 하든지 신경 쓰지 말자. 나는 하나님을 믿으니까 주어진 환경에서 최선을 다하고

때를 기다리자.'

이렇게 다짐하며 내가 맡은 일은 완벽하게 진행하고 흠 잡히지 말자고 결심했고 그 결심을 지키기 위해 부단히 노력했다. 그럼에도 불구하고 여러 가지 조사도 많이 받았고, 다른 사람의 질시와 곡해를 사기도 했다. 심지어는 누군가 내 뒷조사를 하기도 했다. 나를 문제 삼으려고 덤비는 통에 호되게 당한 적도 있다.

이제 부행장의 위치에 서 보니 점점 더 확실한 자기 기준과 관리가 필요하다는 사실을 절감한다. 그렇지 않으면 내 권위와 힘으로 다른 사람에게 피해를 주거나 죄를 짓기 십상이기 때문이다. 그래서 나는 늘 네 가지 로터리 강령에 기준을 두고 그것만은 지키자고 다짐한다.

진실한가? 정직한가? 선의와 우정을 더하게 하는가? 서로에게 유익한가?

캐나다 총리 장 크레티앙은 지금도 많은 사람들의 존경을 받고 있다. 그는 가난한 집안의 19형제 가운데 18번째 아들로 태어났다. 게다가 그는 선천적으로 한쪽 귀가 안 들렸고, 안면 근육 마비로 입이 비뚤어져 발음이 어눌했다.

그럼에도 불구하고 그는 정치가가 되는 꿈을 한 번도 버린 적이 없었고 19살의 나이에 정치에 입문하기 위해 국회의원에 출마했다. 불굴의 의지로 무장하고 나섰지만 반대편의 공세도 만만치 않았다. 그들은 장 크레티앙의 신체적인 약점까지 물고 늘어지며 공세를 퍼부었다.

"정치 경력도 없고 거기다가 언어 장애까지 있는 사람이 국회에 나가서 도대체 무엇을 할 수 있습니까?"

이렇듯 반대파들의 집요한 인신공격이 계속되었지만 크레티앙은 전혀 아랑곳하지 않았다.

총리가 될 때도 마찬가지였다. 사람들은 "한 나라를 대표하는 총리에게 언어 장애가 있다는 것은 치명적인 결점입니다."라며 반대했으나 그는 소신을 갖고 정면돌파했다.

"저는 말을 잘 못합니다. 그러나 거짓말은 하지 않습니다."

자신의 고통을 솔직히 인정하고 굳은 신념을 가진 크레티앙의 모습에 국민들은 큰 감명을 받았고, 결국 하원 의원에 당선되었다. 그 이후 그는 16년 동안 재무, 산업, 통상 등 정부의 요직을 거치며 연간 100억 캐나다 달러의 흑자를 내는 유능한 정치가로서 활동했다. 또한 1993년에 총리직에 오름으로써 세 번이나 집권에 성공했는데 이는 캐나다 역사상 55년 만에 처음 있는 일이었다.

분명히 약점이 있었고, 어딜 가나 그 약점을 물고 늘어지는 정적들이 있었지만 자신의 소신대로 정직하게 밀고 나간 뚝심이 이룩한 결과였다. 이것이 어찌 크레티앙에게만 해당하는 이야기겠는가.

적을 만났을 때 필요한 무기, 사랑과 관용

나는 노조 위원장 출신이다. 압도적인 지지 속에 노조 위원장으로 선출되어 3년 임기 동안 노사의 화합과 상생을 위해 열심히 노력했고, 많은 결실도 있었다. 임기를 마쳐가는 시점에 전체 간부들이 또 다시 나를 추대했다. 선거를 6개월 정도 앞두고 있을 때 나는 뜻하지 않게 어려운 고비를 만나게 되었다.

하루는 어떤 사람이 찾아왔는데 내가 재선될 수 있도록 도울 테니 당선된 후에 노조 간부를 시켜 달라는 것이었다.

"저에게 간부 자리 하나 주십시오. 그러면 위원장님이 재선되는 데 문제가 없을 겁니다. 제가 시켜 드리겠습니다."

참 어이없는 자신감이었다. 물론 나는 그의 제안을 받아들일 의향이 전혀 없었다. 검은 속셈이 뻔히 들여다보이는 제안을 하는 사람과 손을 잡을 수는 없는 노릇이었다. 그는 은행 내에서도 여러 가지로 이미 말이 많은 인물이었기 때문이다. 모든 사고가 부정적이어서 여태까지 문제를 일으킨 전력이 있었다. 게다가 그의 요구도 터무니없었다.

"나는 당신을 간부 자리에 앉힐 수 없습니다. 그리고 당신이 어떻게 나를 재선시켜 준단 말입니까?"

그 친구가 강하게 나와 나도 강수를 두었는데 그것이 그만 감정싸움으로 번지고 말았다. 그는 자기의 목적을 이루기 위해 나에게 계속적으로 압력을 행사하면서 시비를 걸어 왔다.

보다 못한 직장 선배가 나를 도와주기 위해 그 사람을 만나서 몇 차례 이야기를 나누어 보았지만 아무 소용이 없었다. 노조 간부를 해 보고자 하는 목표가 확고해서 다른 사람의 설득에 넘어갈 위인이 아니었다. 그가 그러면 그럴수록 그런 사람을 노조 간부에 앉혀서는 안 된다는 나의 의지도 확고해졌다. 그 정도로 부정적이고 트러블 메이커인 사람을 간부 자리에 앉혀 놓으면 오히려 전체가 위태로워질 수 있기 때문이다. 그러다 하루는 한 선배가 나를 찾아왔다.

"지금 그 사람 때문에 골치 아프지? 내가 그 사람 다루는 방법 가르쳐 줄게."

"그런 방법도 있습니까?"

"그 사람은 강하게 다루어야 해. 내가 겪어 봐서 알아. 꼼짝 못하게 멱살도 잡고 엄포를 놓아 보라고. 그러면 다시는 자네한테 함부로 덤비지 않을 거야."

"멱살이라고요? 좀 심한 거 아닌가요?"

"내가 얼마나 화가 났으면 그 사람의 멱살을 잡고 끌고 갔겠는가. 4층 계단 쪽에서 확 들어 올려서 던진다고 했더니 그제야 잘못했다고 빌더군. 그 다음부터 나한테는 꼼짝 못해."

썩 내키는 방법은 아니었지만 그 사람에 대해 잘 아는 선배의 경험담이라고 하니 믿고 마지막 카드로 시도해 보기로 했다.

당시 그 사람은 아침에 엘리베이터 앞에서 만나면 정중히 인사를 하면서도 위원장실로 따라와서는 또 다시 자기주장을 피력했다. 안 된다고 여러 차례 이야기했는데도 절대 포기하지 않았다. 그런 일이 반복되자 나는 도저히 참을 수 없는 지경이 되었다. 드디어 선배의 조언을 실행할 때가 된 것이다.

"너 너무하는 것 아냐, 이 새끼야. 너 내 앞에 나타나지 마. 가만두지 않을 테니까!"

평소의 나답지 않은 태도에 그가 주눅이 들 것이라고 예상했는데 그는 눈 하나 깜짝하지 않으면서 오히려 더 세게 나왔다.

"위원장님이 지금 하신 말씀들을 조합원들에게 그대로 전하겠습니다. 하신 말씀에 대한 책임을 지셔야 할 것입니다."

그러더니 대화 내용을 내용 증명으로 보내서 대화 내용에 대한 확인 요청을 하는 등 많은 질문을 하며 답변을 요구했다. 낭패였다. 힘들다고 무리수를 둔 것이 잘못이었다. 그 사람은 제대로 나의 약점을 잡았고 나에 대한 흑색 유인물을 만들어 조합원들에게 뿌리기도 했다. 그러고 나서는 말도 안 되는 트집을 잡아서 그 내용을 내용 증명으로 보낸 뒤 정해진 기간까지 답변서를 보내지 않으면 자신의 주장을 모두 인정하는 것으로 알고 조합원들에게 공개하겠다는 협박까지 했다. 그러면서 한쪽으로는 노조 간부로 자기를 써 준다는 약속만 하면 선거에서 이길 수 있도록 해 주겠다고 강온 작전까지 사용했다.

나는 그때 여러 가지 일로 바쁘기도 했지만 그의 꾀에 내가 말려들었다는 사실 때문에 더욱 괴로웠다. 그는 요구한 내용 증명들을 정리하여 답변을 하면 곧바로 또 다른 내용을 보냈다. 그러면서 언제까지 답변을 보내지 않으면 혐의 사실을 모두 시인하는 걸로 해석하겠다는 단서를 꼭 붙였다. 노동조합 총무담당 부장이 몇 번 답변 내용 등을 정리하여 보내다가 도저히 끝이 안 나자 답변하기도 힘들고 못하겠다고 손을 들 정도가 되었다. 일을 원만히 해결하기 위해 아무리 노력해도 계속 꼬투리를 잡고 늘어지는 통에 감정만 더 격화될 뿐이었다.

나는 이런 일들을 겪으며 노동조합 위원장에 출마할 때 "한 번만 하겠다."는 나의 공약을 떠올렸다. 그래서 노조 위원장의 임기를 마치고 은행에 복귀하기로 결심했다.

얼마 뒤, 그는 나에게 사과를 하고 싶다며 전화를 했다. 나는 그때 너무 격분한 나머지 "너를 만나면 죽이고 싶은 심정이니 내 앞에 나타나지 마라." 하고 전화에 대고 큰소리를 질렀다. 지금 생각하면 그냥 웃음만 나올 뿐이다. 그때는 그 일에 너무 열중해 있어서 그 일이 아니면 안 될 것 같았고, 내가 하고 싶은 일을 방해한 그 친구가 너무 미웠다. 그런데 시간이 지나고 생각해 보니 그때가 내가 멈춰야 할 때였고, 다시 돌아가야 할 때였다.

후에 업무에 복귀한 뒤 그에 대한 소식을 들었는데 그런 일이 있고 얼마 뒤 은행에서 그를 징계 면직했다고 한다. 나와는 상관없는 일이기는 했지만 그 정도로 그는 회사에서 문제를 일으키는 사람이었던 것이다. 내 욕심에 무리수를 써서라도 그런 사람과 함께 가기로 했다면 어떤 일이 생겼을지 생각만 해도 아찔하다.

내가 교만할까 봐 하나님은 사람이라는 막대기를 통해 나를 치신 것이라고 생각한다. 당시에는 너무 분하고 억울했지만 시간이 흐른 뒤 돌이켜 보니 그 일로 인해 나아가야 할 때와 물러서야 할 때를 깨닫게 되었고, 그만큼 성숙할 수 있었다. 그래서 지금은 나 자신을 되돌아보고 인생에 대해 더 깊은 안목과 깨달음을 얻게 해 주었던 그 일에 감사하게 된다.

자신에게 가시와 같은 사람이 있다면 물론 괴롭겠지만 성숙한 태도로 그 사람을 대하는 법을 배우고 상황에 휘둘리지 않을 수 있다면 오히려 더 많이 성장할 수 있는 계기가 될 수 있다.

빌리 그레이엄 목사가 자신에 대한 비방에 대처한 모습은 내게 큰 귀감이 되었다.

1954년 빌리 그레이엄 목사가 런던을 방문했을 때, 뜻하지 않은 사건에 휘말리게 되었다. 영국을 방문하기 위해 후원금을 모집하느라 책자를 발간한 적이 있는데 그 내용 중 "전쟁이 끝난 뒤, 영국은 좌절감과 혼란에 휩싸였다. 그리고 히틀러의 폭탄도 하지 못했던 일을 사회주의는 단기간에 달성했다."라는 부분이 문제가 된 것이다.

영국 언론들은 이 내용에 대해 이의를 제기하며 빌리 그레이엄에게 당장 사죄하고 떠나라는 제목의 기사를 내보냈다. 매우 강도 높은 비방

기사에 빌리 그레이엄 목사는 당황했지만 즉시 실수를 인정하고 사과했다. 핑계나 변명을 할 것으로 예상했던 영국 시민들은 그의 겸손한 태도에 놀라지 않을 수가 없었다. 그리고 빌리 그레이엄은 자신에 대해 제일 신랄하게 비판했던 「데일리 미러」지의 윌리엄 코너 기자에게 짧은 메모를 보냈다.

"당신이 나에 대해 쓴 기사가 완전히 마음에 들지는 않았지만, 지금까지 읽었던 기사 중 가장 훌륭했습니다."

얼마 후 코너 기자는 빌리 그레이엄을 만났다. 그 뒤 코너 기자는 "친절함이 이렇게 날카롭고 예리할 수 있는지 몰랐다. 그가 하는 말에서는 진심이 느껴진다."라고 말했다.

사람의 마음을 정복하는 데 있어서 사랑과 관용만큼 큰 무기가 또 있을까. 빌리 그레이엄 목사의 경지까지 가려면 아직 멀었지만 뜻하지 않은 비방과 어려움을 만났을 때 내 손에 어떤 무기를 들어야 하는지 늘 기억하려 한다.

가장 좋은 스승은 라이벌이다

혼자 잘난 사람은 오히려 위험하다. 경쟁자는 나를 더욱 성장시키는 필수불가결한 요소다. 그렇기 때문에 라이벌을 반드시 이겨야 하는 적대적인 관계로 인식하면 매우 어리석은 일이다. 하지만 나 역시 이를 잘못 생각해 시행착오를 경험했던 적이 있다.

나는 공모지점장 제도를 통해 처음으로 발령받은 평촌 지점에서 3년 반을 근무한 뒤 다른 지점으로 자리를 옮겼다. 내 후임으로 온 사람이 유세열 씨였고, 그 다음에 온 사람이 이경렬 씨다.

신설 지점이라 고생을 했지만 터를 잘 잡고 떠났다고 생각했는데 이경렬 씨는 내가 했던 것을 배가시켜서 좋은 성과를 냈다. 그래도 그보다는 내가 먼저 지점장이 되었고 나이도 더 많았던 터라 그에 대해 특별히 경쟁의식을 갖고 있지는 않았다. 단지 '그 사람은 유능한 사람이구나' 하고 객관적으로 평가했을 뿐이다. 게다가 나는 그 사람보다 본부장 승진도 더 빨랐기 때문에 그는 경쟁자로 인식하지 못했다.

그런데 생각지도 못한 일이 일어났다. 내가 계속해서 임원 승진에서 미끄러지는 동안 그는 본부장을 거치지 않고 곧바로 부행장 임명을 받은 것이다. 나는 충격을 받았다. 나는 아무리 기를 써도 안 되어서 속상해하고 있는데 나보다 후임인 사람이 먼저 승진되어 버렸으니 얼마나 비참했는지 모른다.

'행장님은 도대체 어떤 기준으로 본부장도 거치지 않은 상태에서 임원 발령을 내신 걸까?'

내 마음속에서는 이런 의문이 가시지 않았고, 이런 기색을 눈치 챈 고(故) 강권석 은행장님은 내게 한 마디 충고를 해 주셨다.

"유 본부장, 빨리 간다고 해서 다 좋은 것만은 아니에요. 늦게 된 자가 먼저 되고, 먼저 된 자가 나중 된다는 말도 있지 않습니까. 인생은 길게 봐야 합니다. 앞서거니 뒤서거니 하면서 맞물려 가는 것이 인생입니다."

그 다음부터 나는 그 사람을 달리 보려고 노력했다. '저 사람이 갖고 있는 장점이 뭘까?' 그 사람만이 가진 장점을 찾아보았다. 그렇게 생각해 보니 단점보다는 장점이 훨씬 많다는 사실을 깨달았다. 사람들을 하나로 결속시키는 리더십도 있었고, 자신의 의견이나 경영 전략과 실적을 브리핑하는 기술도 뛰어났다. 나는 영업 실적이 좋다는 장점이 있기는 했지만 이제 그 사람이 갖고 있는 장점도 본받아야겠다는 생각이 들었다. 그렇게 그 사람의 능력을 인정하자 내 마음도 편해졌다. 진정한 라이벌은 같은 길에서 서로의 성장을 돕는 좋은 동료가 될 수 있다. 그런 의미에서 이경렬 부행장은 지금도 나의 좋은 라이벌이다.

예술계에서도 '라이벌' 하면 빼놓을 수 없는 사람들이 있다. 바로 레오나르도 다빈치와 미켈란젤로다. 동시대를 살았던 위대한 예술가로 손꼽히는 두 사람은 피렌체에서 1501년 처음 만났다. 이들은 스타일이 확연히 달랐다. 다빈치는 부유하고 잘생긴 중년의 멋쟁이인 반면 미켈란젤로는 못생긴 20대 젊은이에 불과했다. 그래도 이들은 상대방에 대한 명성을 듣고 서로를 존경했다.

그런데 사소한 의견 충돌로 사이가 틀어지고 만다. 미켈란젤로가 만든 다비드 상을 어디에 세우느냐를 논의하는 과정에서 의견이 달라 서로 마음이 상한 것이다. 그러던 중 다빈치는 잠시 미술에서 손을 떼고 공부를 하게 되었다. 그런데 「성 가족」을 그리는 미켈란젤로에 자극을 받아 다시 붓을 들게 되었다. 그리고 결국 「성 안나」와 「모나리자」를 그렸다.

우열을 가릴 수 없는 경쟁 관계였지만, 그들이 가진 서로에 대한 긴장감과 경계심은 세계 미술사에 길이 남을 명작을 많이 남기게 해 주었다. 두 사람의 타고난 재능에 라이벌로 인한 긴장감이 있었기에 가능한 일이었을 것이다.

최선의 친절과 일관성 있는 태도를 유지하라

노조 위원장의 임기를 마치고 나는 지방 근무를 자원했다. 7년 반 동안 노동조합에서 부장, 부위원장, 위원장(3년)으로 일하느라 은행 영업 현장을 떠나 있었기 때문에 업무를 배워서 올라가야겠다는 생각이 들었기 때문이다. 나는 업무에 좀 더 전념하고 배운 뒤 승진을 해서 올라오고 싶어 지방 근무를 자원했다. 전북 익산 지점에 발령받은 나는 그곳에서 함께 일하던 차장님의 권유로 뒤늦게 야간 대학에 입학해 공부를 하기 시작했다.

당시 아내는 아이들의 학교 때문에 서울에 머물렀고 나는 시골 우리 집에서 살고 있었다. 그래서 퇴근 후에는 가까운 우석대학교 행정학과 야간 학부를 다니며 열심히 공부했다. 의욕을 갖고 시작했지만 피곤한 몸을 이끌고 공부까지 한다는 것이 쉽지만은 않았다. 게다가 은행에서 학교까지의 이동 거리가 만만치 않았기 때문에 할 수 없이 차를 사서 타고 다녔다.

어느 날, 밤 10시쯤 학교를 마치고 귀가하던 길이었다. 맞은 편 쪽에서 트럭 한 대가 오고 있었는데 헤드라이트를 켜고 있어서 갑자기 시야가 가려졌다. 아무것도 보이지 않았다. 그때 길에 손수레를 끌고 가던 사람이 앞에 있었다. 하지만 트럭이 중앙선을 침범해 들어오는 바람에 나는 핸들을 바깥쪽으로 꺾었다. 그 순간, "쿵! 쾅!" 하는 소리가 들렸다. 내 차가 손수레를 끌던 사람과 충돌한 것이다.

순식간에 일어난 일이었다. 한 사람이 공중으로 붕 뜨더니 바닥에 큰 소리를 내며 떨어졌다. 나는 얼른 달려 나가서 도로에 쓰러져 있는 사람의 상태를 확인했다. 나이가 많은 할아버지였는데 이미 숨을 거둔 것처럼 보였다.

"교통사고가 나서 사람이 차에 치게 되면 혀가 말려서 기도를 막는 경우가 있다. 충돌에 의한 충격으로 목숨을 잃기도 하지만 기도가 막혀서 죽는 경우도 있다. 이런 때 빨리 혀를 꺼내 주면 좋다."

나는 문득 고등학교 때 배운 응급 처치법이 생각났다. 얼른 할아버지의 입을 벌려 확인해 보니 정말로 혀가 말려 있었다. 내가 혀를 조심스럽게 빼내자 할아버지는 갑자기 "후~" 하며 숨을 내쉬었다. 술 냄새가

역하게 몰려왔다. 나는 그 상태에서 인공호흡을 한 뒤 재빨리 병원으로 모시고 갔다. 응급 처치를 받은 할아버지는 3시간 만에 깨어났다. 나는 정말 가슴을 쓸어내렸다.

정신을 차릴 겨를도 없이 나는 경찰과 함께 조서를 꾸미고 할아버지의 가족들에게 연락을 하기 위해 수소문했다. 하지만 할아버지의 소지품 중에는 가족 사항을 파악할 만한 어떤 단서도 나오지 않았다. 봉동에서 기거할 만한 곳을 수소문한 끝에 밤 11시가 되어서야 할아버지의 집에 세 들어 사는 분이 다른 소지품을 찾아서 가지고 왔다. 알고 보니 할아버지에게는 7명의 자녀들이 있었다. 일단 큰아들과 연락이 되어 새벽에 만났다. 할아버지가 허름해 보이고, 험한 일을 하시는 것 같아 형편이 어려운 분인가 했는데 의외로 자녀들이 모두 훌륭했다. 자녀들은 사회 각 분야에서 크게 활동하며 모두 잘살고 있었다.

"제가 할아버지를 쳤습니다. 죄송합니다."

"네. 그나저나 이 사고에 대해 소문 내시지 않았으면 좋겠습니다. 자식들이 멀쩡히 살아 있는데 이렇게 사시게 한 게 부끄럽습니다. 치료비만 부탁드리겠습니다."

그러면서 나는 큰아들과 좀 더 이야기를 나눌 수 있었다. 어느 정도 예상은 했지만 생각했던 것보다 그 가정의 상황이 심각했다. 할아버지의 가정은 거의 풍비박산난 상태라고 해도 과언이 아니었다. 문제의 발단은 할머니였다. 아는 사람들과 하던 계가 깨지면서 할머니는 집안에 경제적인 타격을 크게 입혔다고 한다. 속죄의 마음으로 할머니는 집을 나와 가사 도우미로 일하며 돈을 벌고 있는 중이었다. 혼자 남겨진 할아버지를 모시고 살던 큰아들이 재혼을 하게 되면서 문제가 불거졌다. 새로 들어온 며느리와 할아버지의 관계가 좋지 않았던 것이다. 계속된 다툼에 지쳐 결국 할아버지가 집을 나와 따로 살게 되었고, 서로에 대한 감정의 골이 깊어져 연락마저 끊어졌다고 한다.

"아이고~ 젊은이, 한창 일할 때인데 나 때문에 이렇게 고생해서 어쩌우?"

할아버지는 내가 찾아갈 때마다 나를 걱정해 주셨다. 하지만 이상하게도 할아버지는 자기 가족은 알아 보지 못하셨다. 며느리에게 "아주머니, 어떻게 오셨습니까?"라고 할 정도였으니. 평생 공직자 생활을 하다가 은퇴하신 뒤에 험한 일들을 겪으며 얼마나 한이 맺히셨으면 저러실까 하는 측은한 마음이 들었다.

나는 저녁마다 할아버지를 찾아갔다. 시간이 지날수록 할아버지의 건강도 많이 좋아지셨다. 한숨 돌리려는데 할머니의 눈치가 이상했다. 내가 어쩌다 일이 있어서 병원에 가지 않으면 바로 전화해서는 "왜 오늘은 안 왔소? 할아버지가 이상해요. 아마 오늘을 못 넘길 것 같소." 하며 나를 귀찮게 했다. 나로서도 할아버지께 최선을 다한다고 했는데도 할머니가 그 이상의 것을 요구하자 당황스러웠다. 보험 처리가 되는 데도 불구하고 할머니에게 계속적으로 추궁당하는 내가 안쓰러웠던지 하루는 병원장이 나를 불렀다.

"앞으로 우리 병원에 오지 마세요. 그만큼 했으면 됐습니다. 그리고 지금 할머니를 불러 주세요."

나는 어안이 벙벙해서 할머니를 모셔왔다. 의사는 할머니에게 단호하게 말했다.

"지금 이 순간 이후로 이 사람이 한 번만 더 병원에서 눈에 띄면 전 더 이상 할아버지를 치료하지 않을 겁니다. 할머니, 병원비나 치료비는 보험 회사에서 다 처리해 주기 때문에 이 사람을 괴롭히면 안 됩니다. 만약 할머니가 또 이 사람을 부르면 할아버지를 더 이상 이 병원에서 치료하지 않을 겁니다. 그러면 다른 병원으로 가셔야 된다는 것을 명심하십시오."

의사의 말이 무서웠던지 그 이후로 할머니의 괴롭힘은 중단되었다.

나는 할아버지가 퇴원하실 때 보약 한 재를 지어 드시라고 돈을 드리기 위해 다시 찾아 뵈었다. 그곳에서 난 믿을 수 없는 소식을 들었다. 깨어질 대로 깨어졌던 할아버지의 가정이 화목을 찾은 것이다. 그동안 등 돌린 채 뿔뿔이 흩어져 살았던 부모, 형제는 그 사고를 계기로 해서 자신들을 돌아봄으로써 다시 뭉쳤다고 한다.

사고가 난 것은 분명 불행한 일이었다. 하지만 그로 인해 깨어진 한 가정이 회복된 것은 기적이었다. 하나님은 모든 것을 합력하여 선을 이루신다는 것을 다시 한 번 경험할 수 있는 시간이었다. 나도 생각지도 못한 사고와 할머니와의 관계 때문에 어려움을 겪었지만 그 일을 통해 인생에서 어쩔 수 없이 만나게 되는 불행을 어떻게 대처해야 하는지 배울 수 있었다.

  진심으로 마음을 나누고 내가 할 수 있는 이상의 친절을 베푸는 것. 상대가 어떠하든지 일관성 있는 태도를 유지하는 것. 그렇다면 어떤 사람이든 내 편이 될 수 있다.

적과 라이벌을 내 편으로 만드는 how-to

1. 흠집 내려는 사람이 많을수록 자신에게 철저해야 한다. 실수는 할 수 있지만 실수를 반복하는 것은 어리석은 일이다.

2. 이기기 위해 편법을 쓰지 말고 정도를 걸어야 진정한 승자다. 치사한 승리보다 영광스러운 패배가 낫다. 깨끗한 승부사가 되라. 뇌물이나 청탁, 줄타기, 비방은 금물.

3. 누군가로부터 비방받을 때 어떤 무기를 선택하겠는가. 사람의 마음을 정복하는 데 필요한 가장 좋은 무기는 사랑과 관용이다.

4. 라이벌은 나를 '지금'에 안주하지 않도록 자꾸 부추기는 가장 좋은 스승이자 성장 촉진제다. 당신의 라이벌은 누구인가?

5. 내 편으로 만들고 싶은 사람이 있다면 좋은 방법이 있다. 상대의 태도가 어떠하든지 일관성 있는 태도를 유지하며 친절을 베풀어라.

도약 | 3부 |
실패와 갈등은 가슴을 넓혀 준다

나는 한 단계 넘어갈 때마다 순탄했던 적이 없었다. 가혹한 기다림이었지만 꿈이 이루어지는 순간, 내가 좋아하는 문구가 생각났다.

"절벽 아래로 떨어질 때 나는 드디어 알았다. 내가 날고 있다는 사실을……."

capacity | jump

| 7 장 | 갈등을 정면돌파하라

성공의 유일한 비결은 다른 사람의 생각을 이해하고,
자신의 처지와 상대방의 처지에서 동시에 사물을
바라볼 줄 아는 능력을 기르는 것이다.
- 헨리 포드

에이브러햄 링컨은 학교라고는 초등학교밖에 다니지 않았다. 그런 그가 대통령에 출마하기까지는 적지 않은 시련과 비난 그리고 적(敵)이 있었다. 그 중에 스탠톤이라는 사람이 있었는데 그는 링컨을 막무가내로 비방하며 독설을 퍼붓는 사람이었다. "링컨은 교활한 어릿광대, 오리지널 고릴라다. 고릴라를 구경하려면 아프리카로 가지 말고 일리노이 주 스탠필드로 가라. 거기에 가면 에이브러햄 링컨이라는 고릴라를 만날 것이다." 이런 심한 말까지 서슴없이 했다.

그런데 링컨은 대통령에 당선된 뒤에 그러한 스탠톤을 국방장관으로 임명했다. 주위에서 깜짝 놀라자 링컨은 이렇게 말했다. "그 자리는 그 사람이 맡아야 합니다. 사명감이 분명하거든요. 그렇기 때문에 다 극복할 수 있어요."

훗날 링컨이 암살당했을 때 가장 슬퍼 운 사람이 바로 스탠톤이었다. 그는 링컨의 주검 앞에서 통곡하며 이런 말을 했다. "여기, 세계가 지켜보는 가운데 가장 위대한 사람이 누워 있다."

링컨은 포용의 달인이었다. '원수는 마음에서 없애야 한다'가 그의 철학이었을 정도다. 사람들은 "그래도 원수는 없애야 하지 않습니까?"라며 의문을 제기할 때 그는 이렇게 대답했다. "저도 원수를 없애야 한다고 생각합니다. 그러나 그것은 원수를 죽이라는 말이 아니라 마음에서 없애 버리자는 의미입니다. 저는 원수를 친구로 만들어 없애 버립니다."

항상 적이 있고 갈등이 존재하는 정치계에서 링컨은 이를 피하거나 없애려 하기보다 직접 대면하려 했다. 포용이라는 것은 자신이 원하는 것만 감싸는 것이 아니라 자기 마음에 들지 않을 때 자신을 반대하는 것조차 감싸안는 것이라는 사실을 링컨은 누구보다 잘 보여 준 사람이다.

갈등은 없을 수도, 피할 수도 없다. 그러나 갈등조차 품을 수 있다면 더 큰 사람으로 성장할 수 있다.

이기는 것보다 중요한 것

노동조합 간부 7년 반을 했지만 처음부터 노조 위원장을 꿈꾼 것은 아니었다. 나는 그저 당시 노조 위원장이었던 이재전 선배를 충실히 보좌하는 역할을 하고 있을 뿐이었다. 당시 위원장은 노조에 대한 해박한 지식과 철학을 갖고 있었던 분으로 위원장이 되기 전에 "노조를 개혁해 보자."며 나에게 함께 일하자고 요청했었다. 나도 평소 노조에 관심이 있었던 터라 그분과 함께 힘을 합쳐 선거 운동을 했고 당당히 선거에 이겼다. 새로운 집행부가 구성되면서 나는 상임 부장의 자리를 거쳐 나중에는 부위원장이 되었다.

이재전 선배는 주로 대외적인 활동을 왕성하게 했으며 나는 내부 관리를 맡았다. 3년여 동안 힘은 들었지만 위원장을 정점으로 많은 업적을 이루며 나름대로 보람 있는 시간이었다. 그러나 그분은 일반 간부들보다 너무 앞서 나가는 경향이 있었다. 그리고 그 기준을 너무 엄격하게 적용하다 보니 사람들은 그가 하는 일을 이해하지 못하는 경우가 생겼다. 그로 인해 종종 간부들로부터 상대하기가 어렵고 거리감을 느끼게 한다는 불만이 터져 나오곤 했다.

그 결과 노조 내에서 노조 위원장으로부터 마음이 돌아선 간부들이 몇몇 있었다. 선거 3개월을 앞두고 그들이 나를 찾아왔다. 그리고 "당신을 위원장으로 추대하고 싶습니다."라는 폭탄선언을 했다. 당시 위원장과 선거 경쟁을 한다는 것은 상상할 수도 없는 일이겠기에 나는 자초지종을 물었다.

"우리는 그분에게 임명받은 간부들입니다. 그동안 나름대로 열심히 노동조합 일을 해 왔습니다. 하지만 그분이 너무나 본인 의도대로 노조를 끌고 가는 것에는 반대합니다. 단임 정신에 의하여 이제 새롭게 변화하는 것도 필요하다고 생각합니다. 당신은 신뢰할 만한 사람이라는 판단이 서서 우선적으로 당신을 추대하려고 합니다. 당신이 만약 계속 노조 위원장을 지지한다면 우리는 또 다른 사람을 내세울 수밖에 없습니다."

갑작스러운 제안에 너무 당황해서 나는 선뜻 말이 나오지 않았다.

"내게 생각할 시간을 조금 더 주십시오."

나는 여러 모로 알아보고 어떻게 하면 좋을지 생각하다가 위원장을 찾아갔다. 내가 상사로 모시던 사람이었고, 인간적으로 깊은 신뢰를 맺어 온 관계였기 때문에 진솔하게 이야기를 나누는 것이 가장 좋은 방법이라고 판단했던 것이다.

"위원장님, 지금 노조 내에서 선거를 앞두고 많은 이견이 제기되고 있습니다. 위원장님께서 임명했던 많은 노조 간부들이 저를 차기 위원장으로 추대한다고 찾아왔습니다. 그 사람들의 입장이 단호했습니다. 이런 상황에서 우리 두 사람이 싸울 수는 없지 않습니까? 한 사람이 양보해야만 일이 해결될 것 같습니다."

위원장은 당황한 표정이 역력했지만, 마음을 가다듬으며 이야기했다.

"선거는 선거야. 우리 두 사람은 지금까지 한 팀으로 일해 오지 않았나? 우리가 싸우면 안 되네. 자네는 여태까지 대외 조직을 운영해 본 적이 없고 내부에서만 일하지 않았나? 조직이라는 건 하루아침에 이루어지는 게 아니야. 이건 장난이 아니라고. 자네는 절대 안 되니까 나서지 말고 그만두게. 내가 이번 한 번만 더 하면 그 다음은 물러나겠네."

위원장은 말로는 내가 적수조차 안 된다는 듯이 이야기했지만 나는 이미 그분이 이 상황을 심각하게 받아들이고 있다는 사실을 감지했다. 나는 고민에 고민을 거듭했지만 나를 추대한 사람들을 쉽게 저버릴 수가 없었다.

"위원장님. 그러면 이렇게 합시다. 간부들 중 과반수의 지지를 확보하십시오. 밥을 사 주든 술을 사 주든 그건 위원장님의 소관입니다. 일주일 동안 시간을 드릴 테니 그 사람들의 마음을 돌려 보십시오. 그래서 과반수가 확보되면 제가 깨끗이 물러나서 은행에 복귀하겠습니다."

"좋소."

그리고 나서 그분은 간부들을 설득하기 시작했다. 그동안 나는 이 상황에 대해 객관적인 판단을 하기 위해 애를 썼다. 간부들은 내가 출마를 안 하면 다른 사람을 물색해서라도 선거를 통하여 새로운 노조 위원장을 뽑겠다는 강력한 의사를 표현했다. 이는 더 이상 타협할 가능성이 없다는 사실을 시사한 것 아닌가.

'똑똑한 분인데 어쩌다 이런 문제에 휘말리게 되었단 말인가?'

나는 한편으로 은행에 복귀하여 노동조합을 떠나는 것과 선거를 통하여 위원장에 도전해야 할지를 고민하면서 일주일을 보냈다.

약속한 일주일이 지난 뒤에도 결과는 마찬가지였다. 그분은 설득 작업에 실패했고 나는 그분과 공정한 경쟁을 하기로 결심했다.

"저는 선배님을 욕할 수 없습니다. 저는 저만의 공약을 가지고 선의의 경쟁을 펼치겠습니다. 제가 선거에서 이기면 위원장을 하는 것이고 아니면 그 결과에 깨끗이 승복하고 떠나겠습니다."

하지만 위원장은 선거를 치르면서 본의 아니게 생기게 될 상처들 때문에 계속 나를 설득했다. 우리가 아무리 선의의 경쟁을 한다 해도 선거에 참여하는 참모들이 선거를 자기에게 유리하도록 하기 위하여 상대를 비방하고 유언비어, 중상모략 하는 등 서로 상처를 줄 것이 뻔하기 때문에 싸우면 안 된다는 것이었다. 우리가 왜 이렇게 서로 등을 돌리고 싸워야 하는지에 대하여 고민하며 인간적인 대화를 나누었지만, 결단의 시간은 다가왔다.

드디어 선거 운동에 들어갔다. 나는 모든 것을 깨끗하게 하기로 결정했기 때문에 공약만 내세우고 상대에 대한 흑색선전이나 공격을 하지 않기로 했다. 위원장도 나에 대한 배려로 비난을 자제하려고 했다. 그러나 서로 간에 선거가 과열되면서 참모들 간에 다툼과 심한 언사들이 난무하게 되어 안타까운 일들이 발생하곤 했다.

그 당시 관행은 노조 활동을 하면 시험을 치르지 않고도 행원이 대리로 승진할 수 있었다. 하지만 나는 노조 간부라도 똑같이 시험을 보고 승진하는 것이 정정당당하다는 생각으로 시험을 치렀다. 그런데 노동조합 간부로 있으면서 대리 책임자 시험에 합격한 것이 문제가 되었다. 대리 책임자이기 때문에 현업에 복귀해야만 했고, 조합원 자격 시비에 휘말리게 된 것이다. 당시에는 행원급 이하만 조합원이 될 수 있었기에 대리 책임자 발령을 내는 것은 조합원으로서의 자격을 박탈하는 것과 마찬가지였다. 다행히 노동법 개정으로 '조합비를 내면 조합원'이라는 유권 해석으로 자격 시비에서는 벗어났지만 어떻든 결과적으로는 불리한 선거를 치르게 되었다.

선거를 마칠 때까지 조합원 자격을 유지할 수 있을지 불안한 생각에 나는 며칠 동안 잠을 이루지 못했다. 억울하기도 하고 조합원 자격 박탈이 될 수 있다는 사실에 화도 나고 충격을 받았다. 스트레스를 심하게 받았는지 몸에 이상이 생겼다. 병원에 갔더니 그동안 너무 무리를 해서 그런 거라며 절대적인 안정과 휴식이 필요하다고 했다. 나는 의사에게 부탁해 진단서를 끊었다. 오히려 잘 됐다는 생각이 들었다. 공식적으로 병가를 얻어 그동안 선거 운동을 할 요량이었기 때문이다.

대다수 간부들은 이번 인사에 더욱 분개하며 오히려 더욱 결속을 다졌고 무언가 모를 '사명감'까지 갖게 되었다. 나는 부지런히 조합원들을 만남과 동시에 '조합원들에게 드리는 글'을 통해 나의 마음과 의지를 알렸다. 그 글을 통해 내가 그동안 회사로부터 당한 부당한 조치들을 알리고, 잘못된 것들을 개선하는 데 앞장설 것을 약속했다. 그러자 생각지도 못한 큰 반향이 일어났다.

"이것은 정도가 아니야."

"선의의 경쟁을 해야지."

"새로운 변화가 필요해."

나에게 일어난 억울한 일을 호소한 글은 큰 변화를 일으켰다. 나에게 불리하게 보이던 선거가 오히려 유리하게 전개되면서 함정처럼 보이던 일이 오히려 전화위복의 기회가 된 것이다. 결국 나는 치열한 선거전에서 많은 사람들의 지지를 받아 노조 위원장에 당선되었다. 그리고 당선된 후에 나는 대리 1번으로 노동 조합에 가입하고 아예 대리들을 조합원으로 가입시켰다. 그리고 노사가 함께 잘살게 하기 위한 '건강하고 진실한 조정자'의 역할을 잘 수행하기 위해 나에게 가해졌던 모든 부당함들을 삼켜 버렸다.

위원장에 대한 감정도 처음에는 쉽게 풀리지 않았다. 억울하게 당한 것에 대한 분함도 있었지만 무엇보다 믿고 따랐던 분이라 배신감이 컸다. 하지만 시간이 지나면서 그분에 대해서도 편안한 마음을 갖게 되었고, 그분도 나를 이해하고 인정해 주셨다. 선거를 치르다 보니 서로의 입장이 달라 경쟁을 하면서 마음과는 달리 서로가 지나치게 나간 점들이 있었다. 하지만, 결국은 우리가 회사에서 일하는 직원들의 권익을 위해서 일하고 싶다는 동일한 목표를 가지고 있다는 점을 생각한다면 방법은 판이하게 달라도 서로를 좀 더 이해하려는 노력을 할 수 있다. 그런 식으로 생각하니 위원장의 고충과 처지를 이해할 수 있었고 서운했던 감정은 서서히 미안한 마음으로 변하게 되었다. 입장을 바꾸어 놓고 보니 그분 밑에서 일하면서 내가 성장했다는 사실도 볼 수 있었다.

어떤 조직이든 정치라는 것은 의도하지 않게 사람들에게 상처를 입히게 되어 있다. 그러나 보이지 않는 가장 기본적인 마음을 들여다 볼 때는 어제까지 적으로 싸웠던 사람들도 친구가 될 수 있다. 이제 우리는 서로의 어려움과 애경사를 함께하며 서로를 격려하고 위로해 주는 좋은 관계가 되었다. 예전의 치열했던 선거전을 회상하며 웃을 수도 있게 되었다.

이해관계가 얽히면 정정당당하게 승부하기가 어려워진다. 그렇다 하더라도 초심을 지킨다면 처음에는 손해를 보는 것 같아도 결국 나중에는 이기게 된다. '적'으로 보는 것이 아니라 함께 가는 '경쟁자'로 본다면 상대방을 무너뜨리지 않고 서로 함께 윈윈(Win-Win)할 수 있다. 적과 경쟁자는 엄연히 다르기 때문이다.

마하트마 간디는 세상에는 일곱 가지 죄가 있다고 했다. 노력이 빠진 부, 양심이 빠진 쾌락, 인간성이 빠진 지식, 도덕이 빠진 상업, 인간이 빠진 과학, 희생이 빠진 기도, 진실이 빠진 정치가 그것이다. 나는 노조 위원장이 되면서 노력과 양심, 인간성과 도덕, 그리고 인간과 희생, 그리고 돈보다 사람에 초점을 두는 진실된 모습으로 섬기겠노라고 다짐했다.

"인생의 목적은 이기는 것이 아니라 성장하고 나누는 것이다." 헤럴드 쿠쉬너의 이 말은 사회에서 수많은 경쟁을 하며 때로는 이기기도 하고 지기도 하는 우리 모두에게 정말로 중요한 것이 무엇인지를 일깨워 준다.

대립을 피할 수 없을 때 필요한 지혜

나는 은행에서 노사 간 의견 대립이 있을 때 머리에 빨간 띠를 두르고 투쟁하듯이 의견을 주장하는 모양새가 좋아 보이지 않았다. 하더라도 좀 더 설득력 있는 방법을 찾고 싶었다. 나는 노동조합이란 기업의 생산성을 올리면서 자신의 복지향상과 권익신장을 위해 주장해야 한다고 생각하는 입장이다. 그래서 나는 노조 활동에 몇 가지 변화를 추구했다. 첫째로, 주장할 것은 주장하되 노조도 은행에서 필요로 하는 일에 적극적으로 동참하도록 했다.

둘째, 예의를 갖추기로 했다. 노사는 대등한 입장이지만 의사소통을 할 때 최대한 예의를 지켜야 한다. 대등하다고 해서 막말을 한다거나 자극적으로 표현하면 원하는 것을 얻는다 해도 상처가 남을 수 있기 때문이다.

셋째, 어떠한 것을 주장할 때 전체적인 공감대를 얻기 위해 노력했다. 지엽적인 것은 배제하고 전체적으로 공감대를 얻을 만한 것을 실천하고자 했다.

당시 단체 협약에는 '동등한 대우'라는 조항을 확대하여 입행 동기가 노조 간부가 될 경우 대리 시험에 합격하지 않아도 자동적으로 승진을 시켜 주는 일이 관행처럼 이루어지고 있었다. 나는 노동조합 위원장이 되면서 이 부분부터 개혁했다. 노동조합 간부들에게 대리 시험에 합격하지 않으면 평행원으로 복귀할 것을 요구했다. 아무런 특혜가 없으니 노동조합 활동을 하면서도 대리 시험에 반드시 합격해야 한다고 못을 박은 것이다.

일부 선배들 중에는 혜택을 없애는 것은 노동조합을 약화시키는 것이라고 질책하는 경우도 있었다. 그러나 나는 그것이 오히려 노동조합을 더 떳떳하고 한 단계 업그레이드하는 것이라고 주장했고 결국 그 조항을 관철시켰다. 대리 시험에 합격한 당사자가 노조 위원장이 됨과 동시에 은행에서 인정받은 간부가 되도록 함으로써 노조는 인정받는 정체성을 갖게 된 것이다. 그러나 이에 대한 반발도 내부적으로 거셌다. 당연한 반응이었다. 내가 첫 노사 협의회에 앞서 했던 말은 "앞으로 노조 간부를 해도 책임자 시험에 합격하지 않으면 혜택이 없다."였다. 회사측은 환영했지만 노조측은 노동조합의 힘을 더 약화시키는 것 아니냐며 나를 문제 삼기 시작했다.

"노조를 강화시키기 위해서는 자기 실력으로 가야 합니다."

이러한 나의 생각은 변함없었고 끝까지 고수했다. 결국 그 분위기가 정착되어 지금까지 잘 이루어지고 있다.

나는 노조도 회사측의 경영에 나름대로 기여하고 주장할 것은 해야 한다고 생각했다. 한번은 저축의 날을 맞아 나는 각 지점의 분회장들에게 이런 공문을 보냈다.

"이번 저축의 날을 맞아 저축 캠페인을 합시다. 저축을 열심히 해서 생산성을 향상시켜 우리의 요구 사항을 주장합시다."

곧바로 반대의 화살들이 날아오기 시작했다. 지금까지 없었던 관례를 만들다 보니 당연히 일어나는 현상이었다.

"저축 캠페인이나 하는 게 노조 위원장입니까? 도대체 누구의 편입니까?"

사람들은 불만의 목소리를 높였다. 하지만 내 생각은 달랐다. "노조는 생산성을 위해 공동으로 노력하고 그 다음에 우리의 권익을 위해 주장해야 합니다. 주장할 때 좋은 무기가 되는 것은 명분입니다. 노조가 좋은 명분을 갖고 있을 때 의견도 잘 받아들여집니다. 노조가 은행을 견제하며 협조할 것은 협조하는 상생의 노사가 되어야 한다라는 인식을 심어 주어야 합니다."

장기적으로 볼 때 그렇게 하는 것이 훨씬 안정적이고 유익하다는 확신이 있었다.

마지막으로 나는 노조 위원장을 하면서 투명하게 하기 위해 노력했다. 보통 노사 대립이 있을 때 노조측의 의견이 반영되면 사람들은 모두 자기가 한 것처럼 이야기한다. 하지만 엄밀히 이야기해서 우리가 주장한 것을 받아들이고 결정하는 것은 은행장이나 경영진의 몫이다. 위원장이 주장한 게 결정되는 것같이 떠들고 다니기보다 우리가 주장한 것을 은행이 고심하고 어려운 과정을 거쳐 결정했다고 이야기했다.

명분 있는 주장을 하고, 업적에 대한 공을 정직하게 돌린다면 깨끗하고 건강한 노사 관계가 이루어질 수 있다. 서로의 입장을 배려해 주고 하나가 될 수 있도록 하는 것. 나는 그것이 모두가 함께 사는 길이라고 생각한다.

물론 이런 과정들이 전부 순조롭게 이루어진 것은 아니다. 나의 생각이나 정책에 반대하며 나를 죽이네 살리네 하는 사람들도 있었다. 하지만 나는 그때마다 사람들과 함께 이야기하며 문제를 풀어 나가기 위해 노력했다. 속임수를 쓰지 않고 정면돌파하려 했다. 정직하게 내 생각과 의견을 이야기하며 상대방을 이해하려 하다 보면 문제를 해결할 수 있다고 믿었다. 지금도 나는 진실함과 정직이 모든 문제에 대한 최상의 정책이라고 확신한다.

꿀벌은 꽃에게 상처를 남기지 않는다

나는 꿀을 따오는데 꽃에 조그마한 상처도 입히지 않는 꿀벌과 같은 세심한 배려가 노사관계에서도 필요하다고 생각한다. 노조는 조합원들의 복지와 기업의 생산성을 위해서 존재하는데, 그것을 망각한 채 욕하는 모습을 보면 안타깝다. 서로의 실수에 대해 이해해 보려는 마음보다 공격의 기회로 삼는 풍조가 만연하게 되면 결국은 자신에게도 가혹한 룰을 적용해야 할 수밖에 없다.

노조를 하다 보면 사장을 향해 막말을 하는 경우를 종종 보게 된다.

분명 그들도 부족한 면이 많이 있다. 하지만 나름대로 열심히 살아오고 기업을 이끌어 온 사람들에게 함부로 말하는 것은 무차별적인 언어폭력과 다르지 않다.

내가 노조를 떠난 뒤에 은행에 노사 간 문제가 생긴 적이 있었다. 당시 나는 지방에서 근무하고 있었는데 하루는 본부 임원이 직접 전화를 했다.

"유 대리. 자네가 올라왔으면 하네."

"무슨 일이십니까?"

"지금 은행 본점 옆에 노조가 큰 플래카드를 붙였네. 은행장님을 겨냥한 건데 지금 은행장님이 출장을 가셔서 다행히 못 보셨네. 돌아와서 저걸 보면 어떻겠나. 그분도 교육을 받을 만큼 받으시고 우리 은행장이신데. 와서 보고 노조측에 선배로서 이야기 좀 해 보게."

"뭐라고 썼습니까?"

"능력 없는 은행장 물러가라!"

내 얼굴이 화끈거렸다. 나는 지점장님께 허락을 받고 바로 본점에 들어갔다. 노동조합 간부들은 머리에 띠를 두른 채 농성을 하고 있었고 간간히 "은행장은 물러가라!"는 구호를 외치기도 했다.

내가 나타나니 그래도 선임 노조 위원장 출신이라고 다들 일어나서 인사를 했다.

"무엇을 하든 밥은 먹어야 할 것 아닌가요. 일단 나갑시다. 밥부터 먹고 이야기 좀 들어 보자고."

그렇게 해서 나는 위원장을 비롯해 조합 간부들과 함께 식당으로 갔다. 일단 식사를 끝낸 뒤에 나는 마음속의 이야기를 털어놓았다.

"여러분, 노조 간부라고 해서 이렇게 해도 되는 겁니까? 여러분한테 능력이 있으면 얼마나 있습니까? 우리 행장이 무능하다는 게 자랑입니까? 능력 없는 은행장 물러가라고요? 여러분의 능력은 얼마나 됩니까? 여러분도 입장을 바꿔서 생각해 보세요. 도대체 저 문구는 누가 쓴 겁니까?"

"같이 합의를 본 거지요."

"기왕이면 '능력 없는 은행장 물러나라' 하지 말고, '권한 없는 은행장 물러가라'가 더 낫지 않습니까? 정부가 승인을 안 해 줘서 지금 은행장님이 정부와 협의 중인 거 아닌가요? 물러난다 하더라도 능력 없어서 물러나는 것하고 권한 없어서 물러나는 것하고는 천지 차이입니다. '아' 다르고 '어' 다른 건데 저거 내립시다. 저 말은 우리 얼굴에 침 뱉는 겁니다."

"……"

모두들 침묵했다. 들어 보니 틀린 말이 아니었던 것이다.

"내가 저 플래카드는 떼겠소. 여러분 손으로 뗄 수는 없을 테니 은행에 연락해서 떼도록 조치를 취하겠습니다. 대신 문구를 다시 바꿔서 다는 것은 반대하지 않겠습니다."

그들은 모두 아무 소리 하지 않았다. 나는 바로 은행 쪽에 전화했다. 그렇게 해서 그 플래카드는 내려지고 노조는 한번 뗀 플래카드를 고쳐서 다시 붙이는 것이 번거로웠던지 플래카드 없이 일을 진행했다.

사소한 일이기는 하지만 상대방의 자존심을 살려 주면서 소통할 수 있는 방법은 얼마든지 있다. 극단적이고 자극적인 말은 상처만 입힐 뿐, 결국 자기 얼굴에 먹칠하는 것밖에는 되지 않는다. 그렇게 되면 어느 쪽도 승리할 수 없다. 설사 원하는 것을 얻는다 해도 '상처뿐인 영광'일 뿐이다. 이것이 어찌 노사관계에서만 해당되는 이치겠는가. 치열한 경쟁 사회 속에서 우리가 새겨야 할 진리다.

IBM의 창립자인 톰 왓슨은 좋은 커뮤니케이션의 예를 보여 준다.

그가 IBM의 회장으로 있을 때, 한 간부가 위험 부담이 큰 사업을 벌였다. 자신 있게 추진한 일이었지만 결국 천만 달러가 넘는 큰 손실을 회사에 입히고 말았다. 왓슨을 찾아 온 간부는 의기소침한 얼굴로 "정말 죄송합니다. 당연히 저의 사표를 원하시겠죠?" 하면서 사표를 건네려 했다. 그러자 왓슨은 정색을 하면서 대답했다.

"IBM은 자네의 교육비로 무려 천만 달러를 투자했네. 그런데 그만두겠다니 자네 지금 농담하나?"

회장의 관용과 배려에 용기를 얻은 그 간부는 훗날 수십 배의 이익을 창출했다.

상대방의 실수를 질책하며 상처를 줄 수 있는 상황에서 그의 배려와 유머가 담긴 말 한 마디는 빛을 발했다. 그리고 그것이 한 사람을 세워 주었고 그로 인해 결국 회사에도 큰 이익을 주었다.

유리병은 잘 깨진다. 쉽게 깨지고 한번 깨지면 못쓰게 된다. 그리고 깨진 조각은 사람에게 상처를 입히기도 한다. 이런 유리병보다 더 약한 것이 있다. 바로 사람의 마음이다. 사람의 마음은 서운한 말 한 마디에도 무너져 내리고, 작은 비방에도 깨진다. 그리고 상처입은 마음은 깨진 유리 조각처럼 주위 사람들을 다치게 하기도 한다.

관계는 사람들의 마음이 연결될 때 형성된다. 관계도 마음처럼 약하기 때문에 유리병처럼 쉽게 깨지고 상처를 입기 쉽다.

절대 깨지지 않는 관계는 없다. 관계는 저절로 좋아지지 않는다. 아름다운 관계는 관심과 배려에 의해 만들어진다.

갈등은 마음의 소리를 경청할 때 풀린다

우리가 만나는 고객 중에는 사업을 하는 사람들이 많다 보니 아무래도 어려운 상황에 부딪힐 때가 있다. 본의 아니게 다툼도 일어나고 부딪치기도 한다. 이때 중요한 것이 '역지사지'의 태도다. 상대방의 입장을 배려하면서 문제를 풀어 나가다 보면 자연스럽게 문제가 해결되는 경우가 있다. 그리고 그것이 자신이 생각했던 것보다 많은 힘을 주는 때도 있었다.

올해 초에 지인 몇 사람과 양평에서 부부 동반 식사를 한 적이 있다. 한창 이야기를 나누던 중에 갑자기 1990년도에 내가 동대문 지점

차장으로 일할 때 만난 변영학 회장이 그 근처에 살고 있다는 생각이 났다. 몇 년 전 한 예식장에서 우연히 만났다가 연락처를 주고받았는데 양평 온 김에 통화라도 하고 싶어 전화를 걸었다. 예식장에서는 스치듯 만난 것이고 업무적으로 본다면 거의 17년만이었다. 그는 반가워하며 차라도 한잔 하자고 해서 만남이 급조되었다. 오랜만에 만나다 보니 옛 추억을 이야기하게 되었다.

변영학 회장은 1993년 당시 사업을 크게 하고 있었고 매출도 꽤 괜찮은 상태였다. 어느 날 사업을 확장하는 과정에서 일시적으로 자금이 부족하여 은행에 대출을 신청했는데 당시 지점장님은 워낙 신용이 우수한 고객이라 쉽게 대출을 약속해 주면서 서류를 준비해서 진행하라고 했다. 지점장님의 말만 믿고 변 회장은 직원에게 "자금이 필요한 날짜에 맞춰 서류를 준비하여 은행에 제출하고 대출을 받으라."고 한 뒤 지방에 출장을 갔다. 그런데 서류가 완벽하게 갖춰지지 않아 대출이 미뤄지는 일이 벌어지고 말았다. 이 사실을 안 회장님은 화가 나서 씩씩거리며 은행으로 찾아왔다.

"지점장 어디 있어?" 말하는 분위기를 보니 딱 싸우러 온 사람이었다.

"무슨 일 때문에 그러십니까?"

"지점장 말이야. 대출해 준다고 하더니 지금까지 안 해 주면 어떻게 해? 안 되면 진즉에 안 된다고 했어야지. 사람 놀리는 것도 아니고 말이야."

다행히 지점장님이 자리에 없었기 때문에 나는 그분을 2층으로 모시고 올라가 차분히 말씀드렸다.

"사장님, 지금 업무를 보러 오셨습니까? 싸우러 오셨습니까?"

그분은 흠칫하더니 조금 누그러진 태도로 "업무 때문에 왔습니다." 하고 대답했다.

"그러면 그렇게 화를 내면서 업무가 제대로 되겠습니까? 문제가 무엇인지 정확히 파악하고 진지하게 대화를 나누어야지요."

내가 한 말은 그것뿐이었다. 그런데 그분은 처음으로 내게 그날 일에 대해 입을 열었다.

"그날 부행장님의 그 말이 아니었다면 어떻게 되었을까 싶습니다. 부행장님 말대로 참고 이야기해서 잘 풀릴 수 있었던 거 같아요. 그날 회사에 가서 직원들한테 오늘 내가 당신한테 인생을 배웠다고 이야기했습니다."

사실 나는 그날 일이 기억도 나지 않는다. 내가 그런 말을 했었다는 것도 알지 못했다. 하지만 그 순간에 내가 한 말이 한 사람의 인생에 영향을 미쳤다는 사실이 놀랍고 감사했다.

또 기억에 남는 사람은 (주)LM의 유철현 회장이다. 이분은 내가 평촌 지점장으로 갔을 때 처음 만난 분이다. 그때 유 회장은 안양 지점 이업종 교류회의 회장으로 많은 활동을 하고 있었다. 뿐만 아니라 그의 회사는 안양 지점에서도 가장 큰 거래처였다. 그럼에도 불구하고 그분은 안양 지점장과 그다지 편안한 관계가 아니었다. 워낙 철두철미하고 빈틈이 없는 분이라 여러 부분에서 마찰이 있었던 눈치였다. 나름대로의 소신도 확실하고 워낙 바른 말을 하시는 스타일이어서 지점장 입장에서는 여간 까다로운 고객이 아니었다. 서로가 편치 않고 마찰을 빚는 일이 잦아지다 보니 유 회장님은 기업은행과의 거래를 끊을 생각까지 하기에 이르렀다. 그런 와중에 내가 평촌 지점장으로 부임하면서 이분과 인사를 나누게 된 것이다. 이런저런 이야기를 나누는데 유 회장님은 속으로 '이 사람하고 대화를 하면 뭔가 되지 않을까' 하는 생각을 했다고 한다.

나는 큰 거래처를 다른 은행에 빼앗기는 것보다는 지점을 바꾸는 것이 어떨까 싶어 직장 선배인 안양 지점장님과 조심스럽게 의논을 했다. 그러자 그 지점장님은 "유 회장님이 좀 불편해하시는 것 같지만 시간을 두고 생각해 보세."라고 대답했다.

그런 와중에 안양 지점장님이 은행을 그만두기로 결정을 하고 나서 "이 고객은 철저하고 성격이 완벽주의 스타일이라 다소 힘든 점이 있네. 하지만 유희태 지점장은 잘할 수 있을 것 같아 평촌 지점으로 이관하여 줄 테니 한번 잘해 봐."라며 거래를 평촌 지점으로 옮겨 주었다. 나는 먼저 그분의 입장이 되어 그분이 요구하는 점을 생각해 보려고 노력했다. 서로에게 최선의 결과가 되는 것이 무엇인지 생각해 보고, 그렇게 되도록 최선을 다했다. 여러 차례의 그런 시도들이 그분에게 전해져 좋은 관계를 유지하게 되었다. 유 회상님은 내가 가끔씩 찾아갈 때마다 많은 조언을 해 줄 뿐만 아니라 다른 주위 거래처를 소개해 주기도 하셨다. 거래처를 옮길 생각까지 했던 분이 오히려 기업은행의 홍보대사가 되어 주신 것을 생각해 보면 비즈니스 관계에서도 상대방을 대하는 진심 어린 마음이 얼마나 중요한지를 다시 한 번 깨닫게 된다.

사람은 누구나 자신을 먼저 생각한다. 은행은 은행대로 손해를 보지 않으려 하고, 고객은 고객대로 이윤을 챙기려 한다. 당연한 이치지만 자신의 것만 주장하면 영원히 만날 수 없는 평행선의 관계가 되며, 비즈니스 관계는 서로를 이용하는 수단으로만 전락해 버린다. 하지만 이 두 사이에서 서로를 만족하도록 조정하는 것이 나의 역할이라고 생각한다.

그럼으로써 더 신뢰하게 하고 더 잘 되게 하는 상생의 관계로 나아가는 것, 그것은 내가 상대방의 이야기를 마음으로 들을 때 비로소 가능한 일이다.

갈등을 지혜롭게 대처하는 how-to

1. 정정당당한 승부사가 되라. 다른 사람이 어떠하든지 간에 깨끗한 승부를 하라. 이기는 것이 목적이 아니라 함께 성장하는 것이 되어야 한다. 적이 아니라 경쟁자로 보라.

2. 꿀벌은 꽃에게 상처를 남기지 않는다. '상처뿐인 영광'은 빛나지 않는다. 자신의 목표를 위해 다른 사람에게 상처를 주어서는 안 된다. 현명하게 갈등을 풀어 가라.

3. 진실함과 정직함으로 해결하라. 진실은 언젠가 통하기 마련이다. 이기기 위해 편법을 쓰지 말고 진실하고 정직한 방법을 사용하라. 최후에 웃는 자가 진정한 승자다.

4. 간디는 세상에는 일곱 가지 죄가 있다고 했다. 노력이 빠진 부, 양심이 빠진 쾌락, 인간성이 빠진 지식, 도덕이 빠진 상업, 인간이 빠진 과학, 희생이 빠진 기도, 진실이 빠진 정치. 돈보다 사람에 초점을 두라.

5. 유리병보다 약한 것이 사람의 마음이다. 상처입은 마음은 깨진 유리 조각처럼 주위 사람을 다치게 한다. 깨지지 않는 관계는 없지만 최소한 조심해야 한다. 아름다운 관계는 관심과 배려에 의해 만들어진다는 사실을 명심하라.

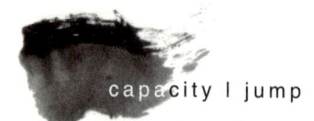

| 8장 | 실패는 새로운 배움을 의미한다

두려움과 진정으로 맞서 싸울 때 당신은 힘과 경험과 자신감을 얻는다.
당신이 할 수 없다고 생각하는 그 일을 해야만 한다.
– 엘리노어 루즈벨트

프로 골프 선수 잭 니클로스는 게임을 할 때마다 자신만의 법칙이 있다고 말하곤 했다. 게임이 시작되기 전에 자신에게 여섯 번쯤 잘못된 퍼트를 할 수 있다고 위로의 말을 하는 것이다. 그러고 나면 경기에서 실수를 해도 절망하지 않는다. 사실 아무리 좋은 상황이라 하더라도 사람인 이상 실수가 없을 수는 없다. 하지만 그렇게 자신을 위로하고 나면 그 실수가 눈에 띄게 줄어든다. 실패를 대하는 태도에 따라 결과는 달라지는 법이다.

나는 조직 안에서 외로움을 느낄 때가 많았다. 학벌이 우선시되고 학연이 중요한 우리나라 기업 분위기 속에서 나는 어느 곳에서도 섞일 수 없는 이방인 같았다. 내가 입사할 당시만 해도 상고 출신의 은행원들이 많았지만 어느 때부터인가는 상고 출신들을 채용하지 않았다. 상업학교가 인문계로 바뀌면서 대학교 졸업자들의 입사가 주종을 이루며 상고 출신은 점점 자취를 감추었다. 나는 상대적으로 소외당할 수밖에 없었다.

"유리창을 너무 많이 닦으면 유리창이 깨질 수밖에 없는데."

사람들이 나를 바라보는 시선이 그랬다. 유리창을 많이 닦으면 유리창이 깨지게 되어 있듯이 내가 아무리 잘해도 많은 사람들은 나의 실수와 잘못, 한계가 드러날 것이라는 확신을 가지고 있었다. 그럴수록 나는 더욱 철저하게 자신을 관리했고 작은 실수도 하지 않으려고 노력했다. 하지만 아무리 내 바람이 간절하고 철저히 노력해도 나도 사람인지라 어쩔 수 없는 실수는 생기기 마련이었다.

실수 덕분에 얻은 명약

동대문 지점에서 차장으로 일할 때였다. 지금은 이름조차 생각이 나지 않는데 섬유 회사를 하는 고객이 있었다. 평소에도 그 회사 사장님은 자주 은행에 나오시며 건실하게 기업을 운영하시고 있었다. 명절을 앞둔 어느 날 사장의 아들이 은행으로 찾아왔다.

"인건비가 나가야 하는데 지금 현금이 부족합니다. 대출해 주시면 곧 갚겠습니다."

경리를 담당하고 있는 사장 아들은 적금 통장 10여 개를 갖고 와 보여 주면서 이 적금이 만기가 되면 빚을 완전히 갚아 무차입 경영을 하는 것이 목표라고 했다. 또한 아버지와 상의를 했다면서 명절이라 대출을 신청하지만 이번이 마지막이라고 했다. 그런 모습이 대견하기도 하고 신뢰가 가서 나는 지점장에게 대출을 추천했다.

"그 회사는 재무제표도 안정적이고 적금도 많이 든 상태입니다. 대출을 해 줘도 문제가 없을 것 같습니다."

지점장도 그 회사에 대하여는 좋은 평가를 하고 있었으며 거래 기간이 가장 오래된 장기 거래처였기에 허락해 주었다. 대출이 집행된 뒤 며칠 뒤 나는 대출계 직원으로부터 뜻하지 않은 전화 한 통을 받았다.

"차장님, 얼마 전 대출해 준 그 섬유 회사가 이상합니다. 사람들이 어제 저녁에 그 회사의 물건들이 다 나가는 것을 봤다고 합니다."

큰일이었다. 만약 일이 어긋나면 은행에 적지 않은 손해가 발생할 수 있기 때문이다. 여기저기 수소문해 본 결과, 모든 일이 계획적이었다는 사실을 알게 되었다. 그 회사 사장은 처음부터 은행을 안심시킨 뒤 대출금만 챙겨서 도망가려고 했던 것이다. 찾아가 보니 사무실 집기는 물론 공장의 기계들도 이미 다 처분을 한 상태였다. 사장 가족들은 이미 챙길 것은 다 챙겨서 해외로 도피한 뒤였다. 회사 주변에는 빚쟁이들이 몰려와서 난리도 아니었다. 그때 나는 많은 환멸을 느꼈다.

열 길 물 속은 알아도 한 길 사람 속은 모른다더니 정말 딱 그랬다. 그 일로 은행에 끼친 손실도 손실이지만 사람에 대한 배신감과 분노는 쉽게 사라지지 않았다. 처음에는 그 사람에 대한 원망과 분노의 감정을 추스르느라 애를 썼지만 나중에는 나 자신에 대한 반성도 많이 하게 되었다.

그 다음부터 나는 꼭 불시에 기업을 방문해서 꼼꼼히 기업의 분위기를 살핀다. 그래야 기업의 상황을 제대로 파악할 수 있을 뿐만 아니라 대출 규모도 가늠할 수 있기 때문이다. 그 기업도 재무제표는 그럴듯하게 꾸몄기에 서류만 보고는 아무런 이상 징후를 발견할 수 없었다. 나는 그런 실수를 다시는 하지 않겠다고 다짐했다. 사람은 누구나 실수할 수 있지만 실수를 반복하는 것은 어리석은 일이기 때문이다.

사람에 대한 신뢰가 무너져서 그것이 회복되기까지는 꽤 오랜 시간이 필요했다. 자칫 신뢰를 주었던 사람에게 배신당하면 그 경험을 다른 모든 관계에 적용하게 된다. 난 그 경험이 다른 사람들과의 관계를 망치지 않도록 필사적으로 노력해야 했다. 사람을 신뢰하는 것과 직업적으로 좀 더 프로페셔널해지는 것은 별개의 문제라는 점을 배우기 위해 매우 값비싼 수업료를 지불한 셈이었다.

승진 미끄럼틀 타기

그 뒤로 나는 탁상 행정보다는 현장 중심으로 엉덩이가 의자에 붙어 있을 틈도 없이 돌아다니며 사람들을 만났다. 그러는 와중에 아무도 예측하지 못한 성과를 이루어 내기도 했다. 또한 가는 곳마다 1등 지점으로 실적을 올려놓아 차츰 실력을 인정받았다. 그렇다 하더라도 내가 갖고 있는 한계를 뛰어넘어 조직 안에서 인정받기란 매우 어려웠다. 그리고 지루한 기다림을 참아야만 했다.

신설 지점이었던 평촌 지점, 최하위였던 성수2가 지점과 구로동 지점을 1등으로 끌어 올리며 나는 '1등 제조기'라는 별명을 얻었다. 그러던 중 나는 반월 지점으로 발령을 받았다. 구로동 지점에서 일할 때 가장 규모가 큰 반월 지점을 목표로 삼았고 결국 따라잡아 전국 최고가 되었다. 그런데 이번에는 다시 반월 지점이었다.

구로동 지점에서 일할 때 워낙 신명나게 일하고 실적도 좋았기 때문에 나는 업무 성과를 인정받아 본부장으로 승진할 수 있지 않을까 내심 기대하는 마음이 있었다. 그런 상황에서 반월 지점으로 발령받으니 좀 실망이 되기도 했다. 그러나 이내 마음을 다잡고 '1위 탈환'을 목표로 다시 열심히 일하기 시작했다. 일부러 반월 시화공단에 위치한 공장들을 찾아가 그곳 식당에서 밥을 먹으며 분위기를 살폈고, 적극적인 영업 활동과 최고의 서비스를 제공하기 위해 애를 썼다. 또한 신바람 나는 직장 분위기 조성과 직원 전체가 최대한의 역량을 발휘할 수 있도록 책임과 권한을 적절히 위임했다. 그 결과 반월 지점은 구로동 지점을 제치고 6개월 만에 다시 1위를 탈환했으며 중소기업 지원 부문에서 지원 공로로 산업포장의 큰 상을 수상하였다.

2004년 1월, 인사철이 되었을 때 본부로부터 나의 활동을 관심 있게 보고 격려해 주시던 존경하는 분으로부터 전화를 받았다.

"자네 거기 간 지 6개월밖에 안 됐지? 더 열심히 해서 지금같이 1등을 계속할 수 있도록 노력하게."

순간 맥이 탁 풀렸다. 인사 발령 때 내가 승진이 안 되면 의욕이 떨어질까 혹시나 해서 위로를 해 주는 것으로 생각했다. 그분의 배려는 감사했지만 나는 실망감을 감출 수가 없었다. 한편으로는 더욱 조바심이 났다. '다음 기회'라는 것이 나에게 있을지조차 의심스러웠다. 당시 은행장님은 나에 대한 모든 업적과 영업활동을 다 지켜보신 분이지만 임기가 얼마 남지 않은 상태였다. 새로운 분이 오신다면 표면적으로 내세울 것 없는 나를 인정해 주실지 장담할 수 없는 노릇이었다.

'여기가 끝이란 말인가? 더 갈 수는 없는 걸까?'

순간, 내가 너무 앞만 보고 달려왔다는 생각이 들었다. "1등!"을 외치면서 '1등 제조기'로 살다 보니 나 때문에 상처받는 사람도 있을 수 있다는 사실을 깨닫지 못했던 것이다. 그렇게 생각하자 어느 사이엔가 높아진 내 마음을 볼 수 있었고, 자성의 시간을 갖게 되었다.

8장. 실패는 새로운 배움을 의미한다

C. S. 루이스는 "교만한 사람은 자기 밑을 보기에만 급급해서 자기 위에 있는 사람을 보지 못한다."라고 말했다. 자신이 가장 자랑하는 그것이 어쩌면 자신의 가장 치명적인 아킬레스건이 될 수 있다. 아테네는 무적이라고 자부했던 해전에서 패배했고, 제1차 세계 대전 때 프랑스는 마지노선만 믿다가 무너졌다. 자동차 왕 헨리 포드도 T 모델만을 고집하다가 GM에게 업계의 패권을 빼앗겨 버렸다. 그 GM도 자만하다가 얼마 전에는 도요타에게 세계 자동차 업계 1위 자리를 내 주고 말았지만. 모두 약해서 망한 게 아니었다.

나는 내 자신의 잘못과 실패에 대해 늘 솔직하려고 노력한다. 그리고 주위에 좋은 조언자들을 두고 그들의 도움을 구한다. 실수와 실패는 죄가 아니다. 그것에 압도되어 무너지는 것이 죄다.

1994년 11월, 라스베이거스 특설 링에서는 아주 특별한 경기가 치러졌다. 흑인 복서 조지 포먼이 45세의 나이로 26세의 챔피언 마이클 무어리와 한판 대결을 펼치는 경기였다.

조지 포먼은 19세 때 올림픽에 참가하여 금메달을 딴 뒤 프로로 전향해, 당시 세계 챔피언이었던 조 프레이저를 꺾으며 단숨에 세계 최고의 자리에 오른 복서였다. 76승 중 68번을 KO로 이기며 승승장구하다가 1974년 도전자 무하마드 알리에게 KO패를 당하고 말았다. 이후 계속 내리막길을 걷다가 돌연 은퇴했던 조지 포먼은 10년 뒤에 39세의 나이로 다시 링에 복귀했다. 그는 '할아버지 복서'라는 사람들의 조롱에 굴하지 않았고 6년 뒤인 1994년 마이클 무어리와 대결하게 된 것이다.

이날 경기에서 그의 승리를 점치는 사람은 아무도 없었다. 여러 면에서 상대가 되지 않는 게임이었기 때문이다. 그러나 10라운드까지 무참히 맞고만 있던 포먼의 주먹이 젊은 챔피언의 턱에 적중하는 순간, 모든 것은 뒤바뀌었다. 그는 이 경기로 최고령 세계 챔피언이 되었다.

단순히 운이 좋아서였을까? 전혀 그렇지 않다. 포먼은 왕좌를 내준 뒤, 20년 동안 절치부심하며 링 주위를 맴돌았다. 복귀한 뒤 6년이라는 시간 동안 여러 번 깨지기도 했다. 포먼은 훗날 자서전에서 이렇게 말했다.

"패배에 연연하지 마라. 패배는 인생에서 단 하루 벌어진 일일 뿐이므로 거기에 압도돼서는 안 된다. 인생이라는 링에서 선수로 뛰는 한 고통은 불가피하며 목표를 달성하기 위해서는 이 고통의 벽을 넘어야 한다."

'나도 항상 넘어질 수 있다, 하지만 다시 일어나서 목표를 위해 뛰자'는 겸허함과 긴장감이 우리를 치명적인 위기에서 건져 준다. 그런 태도는 어떤 실패에서도 절망하지 않도록 우리를 보호해 주는 보호막 역할을 해 준다. 그것이 승진 미끄럼틀을 타면서 내가 얻은 교훈이었다.

절벽에서 발견한 또 다른 가능성

실패하기를 원하는 사람은 없다. 실패의 과정에서 좌절을 겪기도 한다. 그러나 정말 할 수 있는 최선을 다했다면 실패의 결과도 받아들일 수 있다.

몇 번을 도전해도 승진을 하지 못했을 때, 나는 마음을 다잡기 위해 아내와 함께 해외여행을 떠났다. 낮에는 일행들과 함께 관광도 하고 돌아다니다가도 밤에 호텔에 오면 '80세쯤 나이가 들어서 과거를 돌아본다면 어떤 것이 가장 보람이 있을까?' 하고 고민하기도 했다. 최선을 다해도 안 된다면 이제는 새로운 길을 모색해 보아야 하는 것은 아닌지 고민이 되었다. 나는 아내에게 넌지시 사직 의사를 밝혔다.

"나 은행 그만두면 안 될까?" 갑작스러운 내 말에 아내는 내가 은행에서 오랫동안 일을 하다 보니 세상 물정을 너무도 모른다고 타박했다.

"당신은 온실 속의 화초 같은 사람이에요. 요즘 같은 세상에 은행이 얼마나 좋은 직장인데 그만두려고 한다는 게 말이 되나요?"

"새로운 도전을 하고 싶어서 그래."

그날 나는 아내와 함께 많은 이야기를 나누었다. 덕분에 30여 년 이상 다녔던 직장생활을 회상하며 내 자신을 돌아볼 수 있었지만 나는 아내에게 은행 인사에 대해서는 차마 이야기를 하지 못했다. 그렇게 시간을 보낸 뒤 귀국해서 출근하니, 본점에서 사령장 교부식이 있으니 들어오라는 연락이 왔다. 사령장을 받고 은행장실로 들어가서 최선을 다하겠다는 인사를 하러 갔더니 그 당시 은행장이었던 김종창 행장님은 뜻밖의 말씀으로 나를 격려해 주셨다.

"유 지점장, 나는 내일 모레 정든 기업은행을 떠납니다. 그만두면서 유 지점장을 호남 본부장으로 승진 발령내고 갑니다. 알다시피 호남 지역은 상황이 특히 어렵고 직원들의 사기도 많이 떨어져 있습니다. 지금까지 해 왔던 것처럼 유 지점장이 가서 새로운 바람을 일으켜 보세요."

안 됐다고 생각해서 마음을 비우고 포기했는데 이게 웬일인가 싶었다. 믿을 수 없을 만큼 기뻤고 내게 또 하나의 기회가 열리는 것 같은 기분이 들었다.

3년 동안 그분은 왠지 모르게 어려우면서도 마음속으로는 가까운 분이었다. 나와는 지연이나 학연 어느 것 하나 엮인 것이 없었는데 떠나시면서 내게 큰 선물을 주신 것이다.

나는 호남 본부장으로 발령받은 그날로 광주로 내려갔다. 그러나 본부장이 되어서도 순탄치가 않았다. 본부장이 된 이래로 3년 동안 6개월마다 '부행장' 임명에 대한 이야기가 흘러나왔다. 같은 본부장 중에는 6개월 만에 부행장 자리에 오른 사람도 있고, 심지어는 본부장을 거치지 않은 사람이 임명되는 경우도 있었다. 그 정도로 변수가 많은 자리였다. 나는 여러 차례 거론만 되었을 뿐 번번이 미끄러졌다.

'본부장이 되는 데에도 이렇게 힘이 들었는데 부행장은 얼마나 어려울까?' 하는 생각을 하게 되었다. 자리에 연연할수록 초조해질 뿐이라는 것을 배웠기에 나는 현재 있는 자리에서 더욱 업무에 집중하고 실적을 쌓기 위해 노력했다.

"준비된 사람만이 기회를 잡을 수 있다!"

이런 생각을 가지고 나는 마음을 스스로 다잡았다.

어느 날 출근했더니 갑자기 지역 지점장들이 몰려 와서 "축하한다."고 하며 나에게 인사를 하겠다고 했다. 나는 부행장으로 승진했다는 소식을 정식으로 들은 바가 없었기 때문에 어찌할 바를 몰랐다. 나는 본부장 방에서 잠시 기도한 뒤 나와서 지점장들에게 "만일 내가 부행장이 되면 여러분에게 한 턱 내겠습니다. 하지만 안 되면 여러분이 정보를 잘못 알고 온 것이니까 그때는 저에게 각자 한 턱 내세요. 그 증거로 우리 사인합시다. 그리고 빨리 영업점에 가서 근무하세요." 하고는 돌려보냈다.

얼마 뒤 은행장실에서 올라오라는 연락이 왔다. 두근거리는 마음을 진정시키며 행장님 방으로 들어갔다.

"유 본부장, 경기 중앙 본부장을 맡아 주세요. 이순신 장군을 잘 알고 있지 않나요. 억울한 일도 있었지만 시간이 다 평가하지 않던가요? 유 본부장은 내가 좀 더 지켜볼 겁니다! 가장 큰 지역 본부니까 제대로 실력을 발휘해 보세요."

기대와는 다른 갑작스런 말씀에 나는 적잖이 당황했다. 아무리 평상심을 가지려 노력한다 해도 주변의 기대와 다른 결과를 들으면 힘이 빠지게 마련이다.

"그러면 왜 저를 부르셨습니까? 행장님의 연락을 받으면 부행장이 되는 것으로 알고 목 빠지게 기다리다 전화 받고 왔습니다만……."

"지금까지처럼 열심히 하세요."

"알겠습니다. 이렇게 찾아 뵙게 되었으니 건의 사항이나 검토하여 주십시오."

결국 그 자리는 직원들이 느낀 애로사항을 행장님께 전달하는 시간이 되었다. 행장님은 그 의견을 듣고 시정해 주셨다. 반쪽의 승리였다.

2007년 1월 10일.

연초에 지역 관내 중소기업 대표들을 초청하여 연간 계획을 설명하고 결속을 다지는 중요한 행사가 있었다. 아침 7시부터 열리는 이 행사에는 경기도 지역의 300여 명의 기업체 대표와 행장님을 비롯한 임원들과 80여 명의 지점장들이 참석했다.

지점장 인사 예고가 1월 12일이었기에 임원 승진 발령은 통상적으로 3-5일 전에 미리 통보를 해 준다. 하지만 그때까지 나에게는 사전 통보가 없어 이번에도 승진이 안 되었다는 것을 짐작할 수 있었다. 나는 '이제 35년간의 은행 생활을 정리해야 하나' 하는 생각을 하고 있었다. 더이상 희망이 보이지 않았기 때문이다. 은행장님은 무조건 "실적으로 평가하겠다."고 선포하셨던 터라 15개의 지역 본부 중 우리 지역의 실적으로 볼 때 가능성이 있다고 생각했다. 그래서 내심 기대를 했었는데 매우 실망이 되었다.

상고 출신에다가 노조 위원장 출신, 게다가 행원 시절에 인사부에 근무한 것 이외에는 본부의 주요 부서를 경험하지 못한 나의 부족함과 한계를 뛰어넘을 수 없는 것인가, 라는 생각이 들었다.

은행 생활 35년 가운데 지점장으로 9년, 본부장으로 3년 일했으면 "그만 욕심내고 본부장 된 것으로 만족하지, 임원까지 되려 하나?"라는 사람들의 말처럼 이쯤해서 후배들에게 자리를 물려주어야 하는 게 아닐까 하는 생각까지 들었다.

하지만 뜻밖의 일이 일어났다. 행사가 끝날 때쯤 은행장님이 갑자기 나를 불러서 일으켜 세우시더니 "내일 날짜로 유희태 본부장을 부행장으로 임명하려고 합니다."라고 하시는 것이 아닌가. 머릿속이 멍해지더니 아무 생각도 나지 않았다. 정신을 차렸을 때는 엄청난 박수소리가 실내를 가득 메우고 있었다.

나는 한 단계 넘어갈 때마다 순탄했던 적이 없었다. 가혹한 기다림이었지만 꿈이 이루어지는 순간, 내가 좋아하는 문구가 생각났다.

"절벽 아래로 떨어질 때 나는 드디어 알았다. 내가 날고 있다는 사실을······."

실패를 극복하는 how-to

1. 실패했을 때 스스로에게 "괜찮아."라고 위로해 주라. 자신에 대해 관대하고 실수에 대해 여유로워질 때 더 나아질 수 있다.

2. 실패를 대하는 태도에 따라 결과는 달라진다. 실패를 성장하는 기회로 보라. 실패 속에서 패인을 분석하고 보완하라.

3. 인내로 근성을 키울 수 있다. 빨리 가는 것이 능사가 아니다. 인내하는 동안 건강한 근성을 키운다면 기회가 왔을 때 실수 없이 붙잡을 수 있다.

4. 실패는 겸손함을 가르쳐 주는 일종의 브레이크 장치와 같다. C. S. 루이스는 이렇게 말했다. "교만한 자는 자기 밑을 보기에만 급급해서 자기 위에 있는 사람을 보지 못한다." 자신이 가장 자랑하던 그것이 자신의 가장 치명적인 아킬레스 건이 될 수 있음을 명심하라.

| 9 장 | 장애물이 없다면 도전도 없다

장애물은 나를 무너뜨리지 못한다.
모든 장애물은 단호한 결단력을 낳는다.
- 레오나르도 다빈치

탁월한 리더십 전문가인 존 맥스웰은 일행과 함께 이스라엘을 여행한 경험에 대해 이야기한 적이 있다. 존 맥스웰 일행은 이곳저곳을 구경하면서 즐거운 시간을 보냈다. 하지만 낯선 호텔에서 투숙하고 거리에서 무장한 군인들을 보며 일주일을 지내자 여행 막바지에는 집에 가서 편하게 쉬고 싶은 마음이 간절해졌다. 드디어 모든 일정을 마치고 이스라엘을 떠나 비행기를 바꿔 타기 위해 파리 공항에 잠시 머물게 된 존 맥스웰 일행은 뜻하지 않은 소식을 접하게 되었다.

"죄송합니다만, 뉴욕행 비행기가 취소되었습니다. 대서양 연안에 심한 눈보라가 와서 24시간 동안 모든 취항이 금지되었음을 알려 드립니다."

집에서 편안하게 쉴 것을 기대했던 일행은 적잖이 실망했다. 그때 존은 사람들을 모아 놓고 이렇게 이야기했다. "이건 놀라운 기회예요. 오늘 하루 공짜로 파리 시내 관광을 하며 루브르, 노트르담, 에펠탑을 보게 될 것입니다."

그때까지 짜증으로 불평하던 사람들이 존의 제안에 관심을 기울이기 시작했다. 그로부터 한 시간 뒤 호텔에 도착한 존은 호텔 직원에게 하룻동안 시내 관광을 할 수 있게 해 달라고 요청했지만 호텔측은 관광 프로그램이 없다는 이유로 거절했다. 이때 존의 아내가 "그럼 운전기사가 있는 버스를 한 대만 대절해 주세요."라고 부탁한 덕분에 일행은 파리 일주를 시작할 수 있었다.

일행은 파리의 모든 명소를 다 둘러보았다. 심지어 팝가수 마돈나가 보디가드에 둘러싸여 루브르 박물관을 나오는 모습도 구경했고, 사진도 찍었다. 생각지도 못한 유쾌한 여행이었다.

집에 돌아온 뒤, 일행에게 가장 기억에 남는 것은 무엇이었을까. 당연히 한나절 동안 파리에서 경험한 공짜 관광이었다.

존 맥스웰은 이렇게 말했다. "누구나 여행에서 뜻하지 않은 어려움을 경험한 적이 있을 겁니다. 아무리 지도에 여정을 정확히 표시해도 실제 여행을 하기 전까지는 장애물이 눈에 띄지 않지요. 길 곳곳에 있는 과속방지턱과 패인 구멍, 우회로를 완전히 피해 갈 수는 없습니다. 문제는 어떻게 그것을 처리하는가 하는 점입니다. 성공적으로 삶을 여행하는 비결은 우회로와 방해물을 최대한 활용하면서 여행하는 것입니다."

수없이 많은 우회로와 방해물을 만나 본 사람으로서 나는 그의 의견에 전적으로 동의한다.

가장 큰 파산은 열정을 잃어버리는 것이다

고객을 유치한다는 것은 쉬운 일이 아니다. 이때 상대의 마음을 움직일 수 있는 한 가지만 갖고 있다면 승률은 높아질 수밖에 없다. 고객의 마음에는 대부분 자물쇠가 잠겨져 있다. 그때 그것을 열 수 있는 열쇠도 바로 '마음'이라는 것이 나의 지론이다. 물론 기본적으로 좋은 상품과 서비스가 뒷받침되어야 한다는 전제 하에.

나는 크리스천이다. 그렇다고 해서 불교를 배척한다거나 불교 관련 종사자들을 외면하지는 않는다. 그들도 나의 주요 고객이라고 생각하며 소중하게 생각한다.

한번은 천태종 책임자를 만난 적이 있다. 이미 천태종은 타 은행과 거래한 지 오래된 상황이었다. 하지만 나는 대화를 나누는 중에 불교가 우리나라 역사 속에서 어떤 정체성을 갖고 있는지를 알게 되었다.

"스님, 저는 불교에 대해서 잘 모릅니다. 하지만 이것 하나만은 알고 있습니다. 우리 역사 상 불교는 호국 불교로 큰 역할을 했습니다. 애국하는 종교였지요. 그런데 그런 애국 불교가 외국계 은행과 거래한다는 것은 좀 모순이지 않습니까? 기업은행은 우리나라 민족 은행입니다. 같은 값이면 민족 은행을 이용하는 것이 애국하는 길 아니겠습니까?"

나는 기업은행과 거래할 때의 혜택을 설명하는 동시에 호국 종교로서의 불교 위상에 근거해 타당한 명분을 제시했다. 다른 어떤 말로도 흔들리지 않던 그분은 나의 이런 설득에 고민하시는 눈치였다. 결국 스님은 고심 끝에 거래 은행을 기업은행으로 바꾸기로 결정하셨다. 호국 불교로서의 명분을 세우기로 선택하신 것이다.

또 다른 예로 극동방송을 기업은행에 유치한 적이 있다.

나는 매일 아침 김장환 목사님의 저서 『QT(Quiet Time)』로 묵상을 한 뒤 기도하고 하루를 시작한다. 그 책을 통해 깨닫는 점도 많고 감동이 되기도 하여 나는 직접 김장환 목사님께 전화를 드렸다. 미국에 계신 분이라 통화가 쉽지 않을 것이라 예상했는데 의외로 목사님은 내가 남긴 메모를 보고 직접 전화를 해 주셨다.

"무슨 일이십니까?"

"저는 기업은행 부행장 유희태라고 합니다. 제가 매일 아침 목사님께서 쓴 책으로 많은 은혜를 받고 있습니다. 너무 감사해서 인사차 전화 드렸습니다. 기회가 되시면 식사라도 대접해 드리고 싶습니다."

"별 말씀을요. 한번 만나서 식사합시다."

얼마 지나지 않아 목사님은 일 때문에 귀국하셨다가 전화를 해 주셨다.

"일정이 바빠서 저희 회사 구내식당에서 함께 식사하며 이야기 나누고 싶은데 괜찮겠습니까?"

"저는 좋습니다."

그렇게 해서 나는 극동방송 구내식당에서 목사님을 만날 수 있었다. 물론 감사의 마음을 전하고 싶어 마련한 자리지만 나는 그곳에서도 기업은행을 홍보하는 기회를 놓치지 않으려고 애를 썼다.

"목사님, 제가 회사를 잠깐 둘러보니까 다른 은행과 거래하고 계시는군요."

"네, 그렇습니다."

"기업은행은 정부의 지분이 실질적으로 66.7퍼센트입니다. 외국계 기업의 지분이 훨씬 많은 타 은행과는 비교가 안 되지요. 그야말로 민족은행입니다. 기업은행과 거래하시는 것이 어떻겠습니까?"

내가 이렇게 설명드리자 목사님은 깜짝 놀라서 함께 식사하는 임원들에게 "왜 기업은행과 거래하지 않느냐? 다른 이유가 있느냐?"라고 물으셨다. 다른 은행의 금리와 맞출 수 있다고 덧붙여 설명하자 "나라에 좋은 일 하면서 이윤을 추구할 수 있는 방법이 있는데 왜 그렇게 하지 않았느냐?"면서 꾸중을 하시는 바람에 갑자기 식사하는 자리가 썰렁해질 정도였다.

우리의 취지를 높이 평가한 김 목사님은 자신이 시무하셨던 수원중앙침례교회의 고명진 목사님을 소개해 주기도 하셨다. 우리는 고 목사님을 찾아가 기업은행에 대하여 상세하게 말씀을 드렸는데 그분도 주위의 많은 교회에 홍보하고 소개해 주시면서 기업은행의 큰 거래처가 되었다.

민족 은행, 기업은행. 나는 이 캐치프레이즈를 갖고 넘기 힘든 장애물을 많이 뛰어넘었다. 아무것도 아닌 것으로 생각할 수도 있지만 사실 어떠한 가치관을 전하는 조직일수록 명분은 결정 사항의 중요한 근거가 된다. 너무 실리적인 것만 가지고 접근하려 할 때는 어떤 문은 절대로 열리지 않는다. 그러나 그 조직이 무엇을 중요하게 생각하는지 파악하고 그것에 근거해 접근하면 굳게 닫힌 것처럼 생각된 문도 쉽게 열릴 수 있다. 이미 결정된 사안이라고, 이미 다른 곳과 거래하고 있다고, 쉽게 포기해 버리면 어떤 결과도 얻을 수 없다.

대작 〈바람과 함께 사라지다〉에서 스칼렛 오하라 역으로 열연한 비비안 리. 그녀는 이 작품을 통해 아카데미 여우 주연상을 거머쥐며 은막의 스타로 떠올랐다. 하지만 이 영화의 여주인공을 모집하는 오디션이 치러질 때만 해도 그녀는 무명 배우에 불과했다.

그녀는 소설로 작품을 접한 뒤 스칼렛 오하라에게 반해 버렸다. 그래서 주변 사람들에게 〈바람과 함께 사라지다〉를 선물할 정도였다. 이 소설이 영화로 제작된다는 소식을 접한 비비안은 자신의 이력서를 제작자에게 보냈다. 하지만 그녀가 아직 무명이라는 이유로 단 번에 거절당하고 말았다.

그러던 중 제작사는 여주인공을 찾지 못한 채 남자 주인공만으로 영화 촬영을 시작했다. 비비안 리는 용기를 내서 미국으로 건너가 촬영 현장을 찾아갔다. 그곳에서 그녀는 카메라 테스트를 받았고 그때까지 소설을 읽으며 연습한 스칼렛의 모습을 연기로 보여 주었다. 하지만 이번에도 낙방이었다. 그녀는 제작자로부터 '합격'이라는 말 대신 크리스마스 파티 초대장만 받았을 뿐이었다.

그녀는 다소 실망했지만 기꺼이 파티에 참석했다. 그리고 스칼렛 오하라처럼 매력적인 웃음과 모습으로 파티를 즐겼다. 제작자는 그런 그녀의 모습을 보고 비로소 그녀가 그토록 애타게 찾던 여주인공이었음을 발견하고 비비안 리를 전격 캐스팅했다. 거절과 실패에도 굴하지 않고 자신이 그토록 동경했던 여주인공이 되기 위해 도전한 그녀의 근성이 일군 성공이었다.

당신이 도전해야 할 대상이 닫힌 문처럼 생각되는가? 그 닫힌 문의 빗장을 푸는 것이 무엇인지 잘 생각해 보라. 그것은 대의명분일 수도 있고, 매력적인 성품일 수도 있다. 중요한 것은 닫힌 문 앞에서 금방 돌아서지 않는 것이다.

'지금'이 미래를 결정한다

나는 지승룡 사장이 전국적으로 운영하는 레스토랑 민들레영토를 무척 좋아한다. 책을 통해 접한 민들레영토의 경영방식과 마케팅에 감탄한 나는 아내와 함께 직접 매장을 방문하면서 팬이 되었다.

요즘 민들레영토는 국산차 음료수를 일반 시중에 내놓아서 좋은 반응을 얻고 있다. 지승룡 사장은 민들레영토가 세계 유수 커피 브랜드를 능가하는 음료 브랜드로 자리매김할 것이라는 꿈을 갖고 있다. 이들은 커피로 시장을 점유하고 있지만 민들레영토는 건강차, 국산차를 대표한다. 차별화된 전략으로 승부한다면 분명 승산이 있을 것이다.

이러한 민들레영토의 경영 마인드는 기업은행과 크게 다르지 않다. 세계 유수 커피 브랜드 속에서 선전하고 있는 민들레영토처럼 국내의 많은 은행들도 외국 은행에 합병되었지만 기업은행은 '국산' 은행이기 때문이다.

이런 취지에서 나는 지승룡 사장에게 카드 제휴를 제안했는데 흔쾌히 허락하여 우리는 지난 7월에 의미 있는 제휴식을 가졌다. 기업은행 민들레영토 카드를 소지하면 10퍼센트의 할인 혜택을 주는 민들레 영토만의 카드를 만든 것이다.

이날 제휴식에서 나는 생각지도 못한 사람을 만났다. 지 사장이 행사 때 가장 먼저 소개해 준 사람이 바로 (주)에디코의 김영철 사장이었다. 이 분은 천여 명의 직원을 거느린 중견 기업가였다.

"요즘 은행 경기도 많이 안 좋지요? 오늘 아침 저희 회사 직원이 책을 한 권 줘서 읽다 왔는데 그분도 은행원입디다. 그 책을 보면서 은행 사정에 대해서 어느 정도 알게 되었지만 은행원이 보기보다 힘든 직업이더군요. 거기 민들레영토 이야기도 나오던데……."

이때 지 사장이 물었다.

"사장님, 그 책 제목이 뭡니까?"

"책 제목은 생각이 안 나는데. 무슨 꿈을……."

지 사장은 나에게 웃음을 지으며 말했다.

"이 분이 그 책의 저자예요."

알고 보니 내가 쓴 책을 읽으셨던 것이다. 그것을 인연으로 해서 나는 그 다음 날 신설동 지점에 연락해서 김명현 지점장에게 그분을 찾아뵙고 기업은행에 대한 소개를 하도록 했다.

우연치고는 참 기가 막혔다. 그분 역시 당시에 거래하던 주거래 은행이 있었다. 하지만 일이 잘 되려고 했는지 아침에 내가 쓴 책을 읽고 얼마 안 있다가 모든 거래를 기업은행으로 바꾸셨다. 지금은 아예 기업은행의 홍보맨 역할을 자처하기까지 하신다.

인연은 맺고 싶다고 해서 맺어지는 것이 아니다. 좋은 만남이 좋은 인연으로 이어진다. 하필이면 그날, 그 자리에서 그분을 만난 것도, 게다가 그날 아침 직원이 읽어 보라고 권해서 내 책을 읽은 것도 모두 좋은 인연이 되기 위한 준비 시간이었던 것이다. 그래서 내게는 모든 만남이 의미가 있고 소중하다.

좋은 인연을 만들고 싶은가? 그렇다면 톨스토이의 잠언을 추천하고 싶다. 톨스토이가 쓴 「세 가지 질문」의 마지막 부분에 노인은 다음과 같은 지혜의 말을 남긴다. 가장 중요한 때는 '지금', 가장 중요한 사람은 '지금 만나는 사람', 가장 중요한 일은 '지금 하고 있는 일'이라고 했다.

교황 요한 바오로 2세도 "내가 교황이 될 줄 알았다면, 아마 더 열심히 살았을 것"이라고 말했다.

지금 내가 먹고 있는 음식이 '내가 앞으로 10년 동안 먹게 될 음식 중 최고'라는 것을 알게 된다면 더 감사하며 먹을 것이다.

지금 사랑하는 사람이 '앞으로 100년 동안 내가 만날 수 있는 사람 중 최고의 사람'이라면 더 많이 사랑할 것이다. 그러면 지금 내가 살고 있는 삶이 내가 겪을 수 있는 최고의 삶이 될 수 있다. 지금 이 순간이, 지금 만나고 있는 그 사람이 최고라는 생각으로 지금을 소중히 여기고 최선을 다하자.

때로는 원치 않는 상황에도 처하게 된다

나는 올해 55살이지만 쌍둥이들 덕분에 아직 청춘 때와 같은 열정을 갖고 있다. 물론 좋은 일만 있는 것은 아니었다. 생각지도 못한 문제에 부딪혀 어려움을 겪기도 했는데 그런 과정을 거치며 우리는 '진짜 가족'이 되었다.

3년 전, 나는 아내의 강권으로 텔레비전 프로그램을 통해 소개된 한 남자 아이를 입양하기로 결정했다. 홀트 아동복지회에 전화해 알아 보니 아내가 본 그 아이는 이미 다른 곳에 입양된 상태였다. 그러자 원장은 뜻밖에도 우리 부부에게 "쌍둥이를 입양하는 것이 어떻겠느냐?"고 제안했다.

"이왕에 좋은 일을 하려는 마음을 가지셨다면 두 배로 하시면 더 좋지 않겠어요?"

원장의 간곡한 당부에 고민을 거듭하다가 결국 우리는 일단 한 달간 아이들과 함께 생활해 보기로 결정했다.

나는 두 아이를 만났던 날을 또렷이 기억한다. 잔뜩 겁먹은 표정으로 우리 부부 앞에 선 쌍둥이는 양쪽에서 내 손을 꼭 잡았다. 그 순간, 성경 한 구절이 갑자기 생각났다.

"네 이웃을 네 몸과 같이 사랑하라."

나는 이 말씀대로 좋은 일 한번 해 보자는 심정과 아내의 간곡한 소망을 들어 주자는 마음으로 일단 아이들을 데려와 함께 생활해 보기로 결정했다. 하지만 입양의 현실은 생각보다 더 곤혹스러웠다. 두 아이에게는 심각한 문제가 있었다. 입양을 할 당시, 원장은 우리에게 아이들이 갖고 있는 문제에 대해 전혀 언급을 하지 않았기 때문에 예상치 못한 상황을 접하며 우리 부부가 느낀 부담감은 이루 말할 수 없다.

우선 첫째 아이는 밤마다 오줌을 쌌다. 단순한 실수가 아니라 심리적인 이유였다. 게다가 오줌을 싼 뒤에는 사소한 일에도 실수를 했다. 심리적으로 불안해서인지 집중력과 학습 능력도 현저히 떨어져서 동생에게 무시를 당해도 대항도 못하고 그저 주눅이 들 뿐이었다. 아내는 아내대로 매일 이불 빨래를 하느라 고생이 이만저만한 게 아니었다. 별별 방법을 다 동원해도 버릇이 고쳐지지 않았다. 아이는 아이대로 오줌을 싼 날은 어찌나 풀이 죽어 있는지 차마 볼 수가 없을 정도로 애처로웠다. 정말 어떻게 해야 할지 막막했다.

둘째 아이는 '분리불안증'이라는 정서적 불안 증세를 심각하게 보이고 있었다. 이것은 사람하고 떨어질 수 없는 병이다. 둘째는 아내가 잠깐 쓰레기를 버리러 나가는 데도 곧 죽을 것처럼 처절하게 울어대는 통에 아내가 집안일도 제대로 하지 못할 정도였다. 전문의를 찾아가 상담을 해 보니 신경 안정제를 지속적으로 복용해야 한다고 했다. 하지만 아직 5살밖에 되지 않았는데. 그렇게 어린아이에 신경 안정제를 계속 복용시킨다는 것은 도저히 못할 짓 같았다. 그래서 약을 복용하는 것은 포기했다.

심정적으로는 '더 이상 키울 수가 없을 것 같다'는 생각이 들 정도로 힘이 들었지만 그럴 수는 없는 노릇이었다. 하나님이 이 아이들을 우리에게 보내신 목적이 분명히 있을 거라 확신했기 때문이다. 아내와 나는 아이들의 문제를 해결하기 위한 방법을 찾기 시작했다.

"큰아이는 당신이 밤에 한 번만 화장실에 데려가 주세요."

아내의 제안에 나는 흔쾌히 OK했다. 그리고 내가 매일 밤 11시에 화장실에 데리고 간 다음에 4시 30분에 일어나 쌍둥이를 데리고 새벽예배에 가기로 했다. 그러면 아무래도 시간 간격이 짧아지고 이불에 실례를 할 확률이 줄어들 것이라고 생각했다. 우리의 예상은 적중했다. 중간에 몇 번의 실수가 있기는 했지만 다행히 첫째는 잘 적응을 해서 오줌 싸는 습관을 고칠 수 있었다.

어느 날인가 첫째가 또 실수를 했다. 그런데 이 녀석의 반응이 예전과는 사뭇 달랐다. 그 전날 저녁 6시쯤 복숭아를 쌍둥이에게 주었는데 첫째가 못 먹고 머뭇거렸다.

"왜 안 먹니?"

"오줌 쌀까 봐 못 먹겠어요."

"먹고 이따가 화장실 가면 되지."

그렇게 말하자 아이는 안심을 하고 복숭아를 먹고 잠자리에 들었다. 그런데 그날 밤 오줌을 싼 것이다. 이 녀석이 또 풀이 죽어서 자신감을 잃어버릴까 봐 걱정했는데 예상 외의 반응이 나왔다.

"아빠, 어젯밤에 저 화장실에 데려 가셨어요?"

생각해 보니 그 전날 밤에는 아이를 화장실에 데려가는 것을 깜빡하고 잊어버렸다.

"아빠가 저를 화장실에 안 데려가셔서 오줌을 쌌단 말이에요."

"그래, 미안하구나. 아빠가 잘못했다."

"아빠 때문에 오줌 싼 거예요."

아빠 탓을 하는 게 어이없기도 했지만, 이제는 주눅 들지 않고 자신 있게 자기 의견을 이야기하는 아이 모습을 보니 안심이 되었다. '아, 이제는 이 아이가 우리를 정말 가족처럼 편하게 생각하는구나!' 하는 생각을 했다.

한편 둘째에게는 극단의 조치를 취했다. 아이에게 상처가 될지도 모른다는 생각을 안 한 것은 아니지만 약물 치료를 포기한 상태에서 최선의 방법을 선택할 수밖에 없었다.

"네가 그렇게 울면 아빠엄마는 아무 일도 할 수가 없어. 그럼 우리 모두 사랑하며 행복한 가정을 이루는 것이 힘들다고 생각할 수도 있어. 그래도 좋아?"

이 말이 아이에게 어떻게 작용할지 모르는 일이었지만 당시 우리는 위험한 모험을 감수할 수밖에 없었다. 상처주기 위함이 아니라 병을 치료하기 위한 사랑 때문이라는 우리의 진심이 아이에게 전달되기를 기도하면서 특단의 조치를 취했다.

둘째는 입술을 꾹 깨물고 참기 시작했다. 물론 그때마다 아이는 무섭고 힘들었을 것이다. 하지만 결국은 자신이 버려지는 것이 아니라는 것을 경험을 통해 점차 깨닫게 된 것 같다. 항상 엄마아빠가 돌아오고 자신을 안아 준다는 것을 알게 되자 둘째의 분리불안증 증세는 점점 호전되었다. 어느 사이엔가 쌍둥이들은 우리 부부가 외출해서 늦게 들어오는 날에도 자기들끼리 해야 할 일들을 서로 체크할 정도까지 안정되었다. 짧은 시간 동안 아이들이 변하는 모습을 보면서 '사랑과 관심'이 얼마나 중요한지를 다시금 깨달을 수 있었다.

세상에는 수많은 병이 있지만 '마라스머스'라는 특이한 병도 있다. 이 병은 주로 전쟁고아나 고아원에서 외롭게 자라는 아이들에게서 나타난다고 한다. 이 병에 걸리면 특별한 증상은 나타나지 않는데도 시름시름 앓다가 결국에는 죽고 만다.

이 병의 원인은 영양 부족이나 병균이 아니라 '사랑의 결핍'이다. 부모의 품에 안겨 재롱을 부리고 부모와 피부를 맞대며 친밀감을 나누어야 할 아이가 그것을 전혀 누리지 못할 때 나타나는 병인 것이다. 이 병의 치료법은 아마 이 세상에서 제일 간단할 것이다. 바로 "사랑한다."라는 말 한 마디와 안아 주는 것이다.

길이 없을 땐 길을 만들라

그렇게 아이들과 함께 2개월 정도 지내면서 우리는 정식으로 아이들을 입양하기로 결정했다. 아이들도 정서적으로 안정을 찾아가고, 우리도 정이 들어 키우기로 결심한 뒤 영아원에 연락을 했다. 그런데 생각지도 못한 장애물이 기다리고 있었다. 이번에는 쌍둥이를 우리 호적에 올리는 행정적인 절차가 문제였다.

쌍둥이들은 엄마가 낳은 지 6일 만에 보육원에 데려다 놓았기 때문에 호적이나 주민번호가 있을 리 없었다. 그래서 수속을 밟아야 하는데 영아원 측에서는 계속 우리가 낳은 아이로 해 달라고 요청했다. 정식으로 입양 절차를 밟으면 법적으로도 복잡하고, 시간도 많이 걸리는데 자가 분만으로 신고하면 약간의 과태료만 지급하는 것으로 쉽게 해결된다는 것이었다. 그런 편법이 싫기도 하고 떳떳하게 공개입양을 생각했던 우리는 당연히 반대했다.

"나중에 아이들이 다 알 텐데 그것은 어떻게 감당합니까? 또 어떻게 설명한단 말입니까?"

"물론 선생님 말씀이 맞습니다만, 이 아이들의 경우 친권자 포기각서를 받아야 입양이 가능합니다. 엄마가 아이를 버렸을 때는 무슨 사정이 있었을 테고 4년 7개월 동안 한 번도 찾아오지 않은 것으로 보아 이미 결혼을 해서 잘 살고 있는 것 같습니다. 그런 사람에게 찾아가 친권자 포기각서를 받으면 그 가정을 파탄 낼 수도 있습니다."

나는 어이가 없었다. 불편하고 더디 가더라도 정도를 가고 싶었다. 나는 보건복지부 관련 상임위에서 일하는 국회의원에게 전화해 사정을 말씀드렸다. 며칠 뒤 만나 공개입양 절차의 불합리성에 대해 설명한 뒤 행정적으로 간소화할 방법은 없는지 의논했다. 그분은 여러 자료를 토대로 입양을 악용하는 경우도 있기 때문에 제도를 바꾸는 문제는 신중해야 한다는 설명을 해 주셨다. 사정을 듣고 보니 입양 가정마다 사정이 있기 때문에 내 사정만을 주장하는 것도 옳지 않겠구나 하는 생각이 들었다.

이왕 이렇게 된 바에 차근차근 천천히 진행해야겠다 싶어서 필요한 서류들을 준비해 관계 기관에 보냈다. 하지만 서류가 몇 차례나 반려되면서 반 년이 지나도록 해결이 되지 않았다. 나는 더 이상 참을 수가 없어 영아원에 연락했다.

"도저히 안 되겠습니다. 입양 기관이 너무 한 것 아닙니까? 사정해서 쌍둥이를 떠밀 때는 언제고, 지금은 호적 문제 하나 해결해 주지 못해 당신들 편한 대로 하라고 하다니. 12월 15일까지 호적을 만들어 주지 않으면 그때는 우리도 어쩔 수 없이 아이들을 다시 돌려보낼 테니 원망하지 마십시오."

그러자 영아원측은 애원하면서 이렇게 말했다. "원장님이 해결하러 법원에 갔으니 조금만 더 기다려 주십시오." 결국 우여곡절 끝에 6개월 만에 아이들을 내 호적에 올릴 수 있었다. 이것이 해결되면 끝나는 줄 알았는데 이번에는 개명이 문제였다. 아이들을 곧 학교에 보내야 하는데 개명해서 호적에 올리는 기간이 10여 개월이나 걸렸다. 정말 지루할 뿐만 아니라 어이없는 시간 낭비였다.

정상적인 방법을 좀 더 합리적으로 할 순 없을까. 내 머릿속에서는 끊임없이 이 질문들이 떠나지를 않았다. 왜 정상적으로 사는 사람이 어려움을 당해야 하고, 착한 일을 하고자 하는 사람들이 격려나 도움을 받지 못한 채 불편함을 강요당하는지 이해가 되지 않았다. 오히려 비정상적인 방법은 간단하고 편했다. 우리나라도 공개입양이 좀 더 활성화되어서 제도적으로나 사회적으로 더불어 행복하고 편한 사회가 되었으면 하는 것이 나의 희망이다.

우여곡절 끝에 입양되어 이제 가족이 된 쌍둥이들은 무럭무럭 예쁘게 잘 자라고 있다. 무엇보다 아이들의 믿음이 자라고 그 아이들이 꿈을 갖게 된 것이 기쁘고 감사하다.

사람을 만난다는 것은 축복이다. 그것이 고객이든 가족이든. 그 만남 속에서 최선을 이끌어 내는 것은 나의 몫이다.

휴렛팩커드의 공동 창업자인 데이비드 팩커드는 "좋은 사람을 만나는 것은 신이 내리는 선물이다. 그 사람과의 관계를 지속시키지 않는 것은 신의 선물을 내팽개치는 것이다."라고 말했다. 그 말에 전적으로 동의한다. 사람은 무엇보다 귀한 재산이라고 생각한다.

다른 사람을 자기 자신처럼 존중할 수 있고, 자기가 해 주기를 바라는 것처럼 남에게 할 수 있다면, 그 사람은 진정한 사랑을 가지고 있다고 말할 수 있다. 세상에 그 이상의 것은 없다.

늘 좋은 것만이 우리를 기다리고 있는 것은 아니다. 때론 부딪혀야 하고, 부딪히다 보면 막막해질 때도 많이 있다. 하지만 나는 물러서지 않기로 했다. 그것은 '위기'라는 이름으로 찾아온 기회이기 때문이다.

길이 없다면 만들면 되는 것이다. 다른 사람들도 편히 갈 수 있는 길. 도움이 되는 길. 그런 길을 내기 위해 노력하면 되는 것이다.

사람이 사는 곳에는 어디나 길이 있다. 그리고 그 길은 어느 누군가가 먼저 갔기 때문에 생긴 길이다. 목적지가 있다면 누구나 길을 만들 수 있다.

에이브러햄 링컨은 힘들지만 그것이 가치 있는 삶이라는 것을 가르쳐 준다.

"무엇인가를 처음으로 하는 사람은 보통 그것을 최고로 수행하지는 못합니다. 이런 사람은 툭하면 반대에 부딪히고, 얻어 터지고, 욕을 먹지요. 욕을 했던 사람은 스스로 새로운 것을 받아들여야겠다고 생각한 뒤에야 비로소 그를 인정합니다."

장애물을 대처하는 how-to

1. 장애물을 만나면 우회도로를 선택하든지 기다리든지 어쨌든 그 상황을 즐겨라. 피할 수 없다면 즐기는 것이 가장 현명한 일이다.

2. 길이 보이지 않는다면 길을 만들어라. 길이 없다고 해서 갈 수 없는 것은 아니다. 길을 내야 할 필요성이 있다면 길을 만들어서 계속 걸어가라. 훗날 그 길을 따라오는 사람들을 위해서.

3. 때로는 원치 않는 상황에 부딪히기도 하는 것이 인생이다. 움츠러들지 말고, 뒤를 돌아보지도 말고 그 문제를 돌파하라. 문제에는 반드시 해답이 있게 마련이다.

4. 지금 사랑하는 사람이 '앞으로 100년 동안 내가 만날 수 있는 사람 중 최고의 사람'이라면 더 많이 사랑할 것이다. 그러면 지금 내가 살고 있는 삶이 내가 겪을 수 있는 최고의 삶이 될 수 있다. 지금 이 순간이, 지금 만나고 있는 그 사람이 최고라는 생각으로 지금을 소중히 여기고 최선을 다하라.

5. 사랑에 최고의 가치를 두라. 다른 사람을 자기 자신처럼 존중할 수 있고, 자기가 해 주기를 바라는 것처럼 남에게 할 수 있다면, 그는 진정한 사랑을 가지고 있는 사람이다. 세상에 그 이상의 것은 없다.

실천 | 4부 |
포용의 완성은 사랑을 나누는 것이다

사람이 태어나서 죽는 것은 정해진 이치다. 자신에게 주어진 시간 속에서 어떤 일을 하느냐가 중요하다. 기왕이면 좋은 선택을 하라. 좀 더 지속적으로 경영 가능하고, 세상을 아름답고 밝게 만드는 일을 당신의 목적으로 삼으라. 그렇다면 어떤 일을 하더라도, 아무리 하찮고 작은 일이라도 하나님이 보시기에는 아름다운 일이 되지 않겠는가. 그리고 그 일을 하는 당신이 있기에 우리 사회는 더 살 만한 곳이 되는 것이다.

capacity I action

| 10 장 | **삶을 바꾸는 것은 언제나 작은 것들이다**

다른 사람을 행복하게 해 주려 노력할 때,
비로소 행복은 나에게 찾아온다.
- 그레타 팔머

미국의 시인이자 철학자인 랄프 왈도 에머슨은 자신의 생을 마감하면서 다음과 같은 글을 남겼다.

　　성공의 정의

　　자주 그리고 가능한 한 많이 웃는 것.
　　현명한 이에게서 존경을 받고 아이들에게서 사랑을 받는 것.
　　정직한 비평가의 찬사를 듣고 친구의 배반을 참아 내는 것.
　　아름다움을 식별할 줄 알며
　　다른 사람에게서 최선의 것을 발견하는 것.

건강한 아이를 낳든 한 뙈기의 정원을 가꾸든
사회 환경을 개선하든 세상을 조금이라도 더 살기 좋은 곳으로
만들어 놓고 떠나는 것.
자신이 이곳에 살아 있음으로 인해서
단 한 사람의 인생이라도 행복해지는 것.
이것이 바로 진정한 성공이다.

베푸는 삶의 시작

누구나에게 인생은 공평하다. 나 역시 수없이 많은 어려움을 겪었다. 그리고 그것을 극복해 나가는 과정에서 순간순간 행복을 맛보기도 했다. 눈물 나는 가난과 무거운 빚, 사회의 편견을 깨뜨리면서 살아오는 동안, 내가 배운 진정으로 가치 있는 덕목은 바로 '나눔'이었다. 내 자신이 다른 누군가의 나눔과 포용의 수혜자였다는 사실을 잘 알고 있기 때문이다. 보통 사람들의 기준에서 비교적 성공한 위치에 오른 지금, 그 성공을 더 완전하게 만들어 주는 것은 '나눔'이라고 생각한다.

어렸을 때, 동네에 이름을 짓는 분이 있었다. 그분은 어머니에게 이런 말을 했다고 한다. "희태는 뭐든지 퍼 주는 이름이에요. 희우라고 지으시죠. 희태라고 이름을 지으면 아마 평생 남한테 돈 퍼 주면서 살 겁니다."

물론 어머니는 내 이름을 바꾸지 않으셨다. 그런 말을 귀담아듣는 분도 아니셨지만, 설사 듣는다 해도 다른 사람과 나누는 삶을 반대하실 분이 아니기 때문이다. 이름 때문은 아니겠지만 정말 나는 지금까지 퍼 주는 삶을 살고 있다. 하지만 이상하게 퍼 줘도 퍼 줘도 모자라지 않는다. 자신에게 있는 것을 나누어 줄 때 하나님께서 더 많은 것으로 그 사람의 삶을 채워 주시기 때문이 아닐까 생각한다.

　나누는 삶은 결코 한 순간의 기분으로 되지 않는다. 가난하든지 부유하든지 나눔을 선택하고 연습해야 한다. 내가 아까워하지 않고 퍼 주는 것을 즐거워하게 된 데에는 두 가지 원인이 있다.

　첫 번째는 어머니다. 어렸을 때 우리 집은 찢어지게 가난했다. 내 누이들은 초등학교만 겨우 졸업할 정도였고, 나 역시 대학 진학을 포기해야 했을 뿐만 아니라 학교에서 주는 장학금이 없었다면 고등학교도 다니기 힘들었을 것이다. 그런 어려운 형편에도 어머니는 나누는 것을 어려워하지 않았다. 어머니는 참석하는 교회의 목사님이 어렵게 사시는 것을 안쓰럽게 여겨서 종종 감자나 고구마 같은 것을 목사님 댁에 갖다 드렸고, 그분이 다른 곳으로 갈 때 여비를 챙겨 드리기도 하셨다. 목사님은 그것이 너무나 고마워서 계속 나를 위해 기도하셨다고 한다. 사랑의 빚을 기도로 갚으신 것이다. 나눔을 물질적 가치로만 계산하면 당연히 주는 사람과 받는 사람이 명확해지지만 계산할 수 없는 기쁨이나 사랑, 만족, 감사에 있어서는 서로가 주고받을 수 있으며 그래서 동등해진다는 것이 내 생각이다.

얼마 전 그 목사님은 우연히 내가 쓴 책을 보고 사위에게 자랑을 하셨는지 그 사위가 나에게 전화를 했다.

"저희 아버님이 어려울 때 도움을 주신 매우 고마운 분의 아들이라고 하시더군요."

없는 중에도 나누는 삶을 당연하게 여겼던 어머니의 넉넉한 마음은 어머니가 내게 물려주신 가장 큰 유산이었다.

두 번째는 바로 400원 장학금이다. 고등학교 때 등록금이 없어 절절매던 나는 학교로부터 400원의 장학금을 받았다. 그때 400원의 가치는 내게 몇 억보다 더 값진 것이었다.

하루하루 입에 풀칠하는 것조차 벅차도록 가난했던 그 시절, 400원은 내게 꿈이자 희망이자 미래였다. 어떤 사람들에게는 있어도 그만, 없어도 그만이었던 그 돈이 내게는 닫힌 미래를 여는 열쇠였다. 나는 그 이후로 베풀고 나누는 삶의 소중함을 절감했고 어떻게 해서든 다른 누군가에게 보답해야겠다는 마음을 갖게 되었다.

내가 받았던 400원 장학금은 지금 1,500만 원 장학금으로 늘어났다. 나는 현재 100만 원씩 15명에게 장학금을 지급해 주고 있다. 누군가 물으면 나는 몇 십 년 전에 받은 400원의 이자를 내는 것이라고 말한다. 이자로는 제법 큰돈이지만, 그것이 예전의 나처럼 누군가에게 닫힌 미래의 문을 여는 열쇠가 되어 줄 수 있다면 전혀 아깝지 않다. 그러면 그 누군가도 나처럼 나중에는 더 비싼 이자를 기꺼이 내며 또 다른 사람을 도와줄 것이라고 믿는다.

돈 버는 것은 쉽다. 내 자신부터 돈을 꼭 필요한 곳에 쓰면 되고 아끼면 된다. 음식을 하나 먹더라도 5천 원짜리든 몇 만 원짜리든 맛있게 먹고 남기지 않으면 그것도 돈을 모으는 것이다. 하지만 나누는 것은 어렵다. 사람은 일단 자기 손 안에 들어오면 쥔 손을 좀처럼 펼치려고 하지 않기 때문이다. 그래서 '있는 사람이 더하다'라는 말이 나오는 것인지도 모른다.

입양을 할 때도 느낀 것이지만 보통 그다지 풍족한 삶을 살지 못하는 사람들이 아이들을 입양하는 경우가 많다. 입양을 하는 사람들의 대부분은 중산층이거나 서민층일 때가 많다. 결국 문제는 얼마나 풍족한가, 풍족하지 않은가가 아니라, 다른 사람의 필요를 보는 눈과 그것을 얼마나 채워 주고 싶은 마음이 있는가 하는 점이다.

인생을 긴 관점에서 돌아보면 어느 시점의 아주 작은 도움이 한 사람의 인생을 바꾸는 경우가 있다. 내가 받은 400원의 장학금도 그랬다. 그 장학금이 장래에 어떻게 내 인생을 바꿀지 그 당시에는 장학금을 준 후원자와 학교는 전혀 알지 못했지만 그것으로 내 인생은 바뀌기 시작했다. 그리고 나 역시 내가 가진 작은 것으로 다른 사람의 인생을 더 아름답게 바꾸는 것을 소망하게 되었다. 언제나 삶을 바꾸는 것은 작은 결심, 작은 실천이다.

우연한 만남 속에 주머니를 열다

올해 휴가 때는 아무 곳에도 가지 않고 집에서 쉬었다. 휴가 막바지에 집으로 전화 한 통이 걸려왔다. 고등학교 동창이었다. 졸업한 이후로 목사가 되었다는 소식은 들었지만 한 번도 연락을 한 적이 없었던 터라 웬일인가 싶었다.

"서울에는 언제 왔나?"

"어제 왔다."

"어디서 오는 길인데?"

"대방동."

"누구랑 왔는데?"

"……."

언뜻 느끼기에 돈이 없으니까 대방동의 허름한 여인숙 같은 곳에서 자는 것 아닌가 하는 생각이 들었다.

"우리 집이 서초동에 있는데 아내하고 같이 와라."

"알았다."

조금 뒤에 친구가 왔는데 아내는 데려오지 않고 혼자였다.

"목사가 거짓말하면 되냐? 아래에 네 아내 있지?"

"……."

"왜 그러는데?"

"마누라가 일하다 와서 옷 꼴이 말이 아니다. 너무 남루해서 소개시켜 주기가 좀 그래서."

"그게 뭐 어떻다고 그러냐?"

나는 얼른 내려가서 밖에서 기다리고 있는 그 친구의 아내를 데리고 들어왔다. 저녁식사라도 대접하고 싶었는데 그 친구 아내가 저녁 금식을 하는 중이라고 해서 결국 친구하고만 저녁을 먹게 되었다. 사모님은 시골에서 입는 몸뻬 바지를 입고 있었다.

"목회하는 곳은 사정이 어떠냐?"

"섬 주민이 전부 합쳐서 57명인데 그 중에서 한 20명 정도가 교회를 다닌다."

"사는 것은 어떻고?"

"집에 비도 새고 그래서 공사를 다시 하고 있어."

자세히 말하지 않아도 상황이 눈앞에 선명하게 그려졌다. 조금 전에 보니 끌고 온 차도 겨우 굴러만 가는 정도였다.

"그 차도 기업은행 직원 중 한 사람이 사 준 거야."

"넌 기업은행하고 인연이 많구나."

이런저런 담소를 나누고 헤어지려 하는데 아무래도 마음에 걸렸다. 휴가비로 챙겨 둔 돈이 생각났다.

"백화점 같은 데 가서 네 아내한테 옷이나 한 벌 사 줘라. 그리고 좋은 모텔도 많으니까 거기 가서 편하게 자라."

민망해하면서 가는 친구와 친구 아내의 뒷모습을 보니 안쓰러우면서도 뭔가 모르게 뿌듯했다.

나는 항상 지갑에 어느 정도의 현금을 넣어 가지고 다닌다. 이렇듯 언제 어떤 사람을 만날지 모르기 때문이다.

하나님이 내게 400원이라는 장학금을 통해 공부할 수 있는 기회, 인생을 살 수 있는 기회를 열어 주신 것처럼 나 또한 내게 주신 물질을 통해 다른 사람에게 그런 기회를 주는 통로가 되고 싶다. 그것이 나에게 물질의 축복을 주시는 하나님 앞에 부끄럽지 않은 삶이며 은혜에 보답하는 것이기 때문이다. 나눌수록 커진다는 말이 있다. 식상하지만 내가 바로 그 법칙의 수혜자였기에 나 역시 그런 통로가 되는 것이 마땅하다고 생각한다.

나누려는 마음을 가지고 주위를 둘러보면 사랑을 베풀어야 할 대상은 굉장히 많다. 이런 마음과 안목으로 나누는 삶을 실천하는 몇몇 단체를 소개하고자 한다. 다른 많은 사람들도 사랑을 나누는 삶에 관심을 갖게 되기를 소망하기 때문이다.

사랑의 집

1998년 어느 날 장애인들이 단체로 생활하는 '사랑의 집'을 한번 방문하면 어떻겠느냐는 소개를 받고 쌀 10여 포대를 준비하여 방문했다. 그곳을 관리하시는 오상식 원장님은 우리를 반갑게 맞이해 주셨다. 그분 역시 손과 발이 없는 장애인으로 혼자 식사하기도 어려워 도움을 받아야 하는 형편이었지만 스스로 본을 보이며 나눔을 실천하고 계셨다.

조금 지나니까 아이들이 원장님에게 "아빠!" 하고 달려들었다. 아이들 역시 팔이 없는 아이, 다리가 장애인 아이 등 전부 장애를 가지고 있었다. 정성껏 모은 성금과 쌀을 직원들과 함께 전달하려 하는데 손발이 없는 이들에게 어떻게 전달해야 하나 싶어 모두 머뭇거리고 있었다. 아이들도 보기가 딱해 "힘드시겠네요." 하며 위로의 말을 전했다. 그랬더니 우리 마음을 눈치 채셨는지 "정말 고맙습니다. 저도 젊었을 때는 건강했습니다. 사실 성악 공부도 했었고, 노래를 통해 많은 사역을 하기도 했습니다. 그러다 갑자기 손발이 오그라드는 병에 걸려서 보시다시피 지금은 아기 손보다도 작게 줄어들었습니다. 없는 거나 다름없지요." 하며 먼저 편안히 말씀해 주셨다.

나는 더욱 궁금해져서 내친 김에 아이들에 대해서도 물어 보았다.

"아이들이 아빠라고 부르는데 몇 명이나 낳으신 건가요?"

"버려진 아이들을 자녀로 삼은 거예요. 장애가 있는 아이들을 자녀로 다 입양했지요."

장애를 가진 아이들끼리 있어서 그런지 아이들은 매우 활발하고 인사도 잘했다. 우리는 말문이 막혀서 무어라 할 말이 없었다. 건강한 사람도 쉽게 하지 못하는 일을 몸이 성치 않은 사람이 하고 있으니 양손과 발을 가지고도 자신의 삶만 챙기는 우리 자신이 부끄럽게 느껴졌다. 차마 발길이 떨어지지가 않아서 우리가 할 수 있는 일이 없을까라는 생각을 하게 되었다.

원래 우리 계획은 성금과 쌀을 전달한 뒤 단합 대회 겸 회식을 하기로 되어 있었다. 하지만 우리는 누가 먼저랄 것도 없이 식사는 간단하게 하고 나머지는 성금을 내기로 합의했다. 모두의 마음속에 조그마한 사랑의 씨앗이 싹트는 순간이었다.

그 뒤로도 나는 기회가 있을 때마다 사랑의 집을 찾아가서 조그마한 정성이나마 드리곤 한다. 요즘은 경기가 어려운지 찾아오시는 분들이 부쩍 줄었다고 하지만 그분의 얼굴 표정은 예나 지금이나 한결같이 밝다. 아이들도 이제는 제법 커서 우리를 얼마나 스스럼없이 대하는지 모른다. 그런 아이들의 모습을 보면 나는 작은 것을 베풀지만 하나님은 그들을 통해서 내게 더 큰 기쁨과 만족을 주신다는 생각이 든다.

평화의 집

안산 '평화의 집'은 지적 장애인 수용 시설이다. 내가 경기 중앙본부장으로 일하던 때 평화의 집 임득선 이사장을 처음으로 만났다. 비록 몸은 전동휠체어에 의지하고 있었지만 얼굴은 해처럼 밝아 깊은 인상을 받았던 기억이 난다. 그 뒤로도 경기 지역 내 복지 관련 행사가 있을 때 몇 번 더 만나면서 자연스럽게 이야기를 나누게 되었다.

3살 때 소아마비에 걸려 지팡이를 의지해 살다가 24살 때부터 61살인 지금까지 휠체어를 타고 다니면서도 다른 이를 돌보는 임 이사장의 삶은 나를 숙연하게 만들었다. 그를 아는 사람들은 모두 그분이 사심 없이 장애인을 섬기는 분이라고 칭찬했다.

현재 50여 명의 지적 장애인을 돌보고 있는 평화의 집은 천막에서부터 시작했다. 그러다가 정부와 시의 보조를 받고 후원자들의 후원 덕분에 지금은 어엿한 보금자리를 마련해서 함께 생활하고 있다.

주사랑 공동체

원래 왕성교회에서 집사로 섬기다가 목사가 된 이종락 목사님 또한 빼놓을 수 없는 분이다. 이 분이 목사가 되기 전에 낳은 아이 은만이는 정신지체아다. 은만이는 건강 상태도 매우 심각하여 혼자서는 밥을 먹을 수도 없어 호스에 영양분을 넣어 주어야 할 정도였다. 게다가 가래가 끼면 제거해 주어야만 호흡을 할 수 있었다. 태어나면서 계속 그런 상태로 지내고 있으니 그 부모의 아픔과 고통이 어떠했겠는가. 게다가 몸이 자라면서 다리의 뼈도 이상하게 변형되어서 더욱 주위 사람들을 안타깝게 했다. 언젠가 딸 은만이가 병원에 입원해 있을 때 찾아간 적이 있다. 그때 그는 정말 절박해 보였다.

"다리 수술이라도 했으면 좋겠어요. 아주 조금이라도 상태가 나아질 수만 있다면 다 해 보고 싶은데……."

문제는 돈이었다. 은만이가 태어날 때부터 병원 신세를 져야 했던 터라 경제적인 여유가 없어 발만 동동 구를 수밖에 없었던 것이다. 그러던 중에 이상한 일들이 생겨났다. 병문안을 온 사람들이나 함께 병실을 쓰는 사람들이 은만이를 통해 하나님을 알게 되고 더욱 겸손해지면서 작은 것에 감사하는 등 변화되는 일이 많아진 것이다.

사람의 마음이란 것이 나보다 연약한 사람을 보게 되면 자신이 가진 것에 대해서는 더 감사하게 되고 연약한 사람을 너그러운 마음으로 대하게 된다. 이러한 일이 생겨나자 그는 이를 계기로 목회의 길을 가기로 결정했고 지금은 신림동 쪽에서 가정 교회를 운영하고 있다.

나는 개인적으로도 그렇고 로터리 클럽 회원들과 함께 그곳을 방문하곤 한다. 지금 이종락 목사님은 12명의 중증 장애인을 집에서 돌보고 있다. 아직 정식 허가를 받지 못해 어떤 지원도 받지 못하고 있지만 자원 봉사자들의 손길로 근근이 운영하고 있다고 한다.

지난 추석 때, 찾아가 보았더니 집 앞에서 아무리 전화를 해도 받지 않았다. 허탕을 치고 집에 돌아왔는데 나중에 전화가 왔다.

"아이들 목욕 시키느라 전화벨 소리를 못 들었어요."

추석에도 쉬지 못 하고 제 몸 하나 제대로 가누지 못하는 아이들의 몸을 씻기며 땀 흘렸을 그의 모습이 눈앞에 선하다. 성한 제 자식 한 명도 건사하기 힘든 세상에 성치 않은 아이들을 13명이나 돌보고 있는 그가 돈이 없어서 행복하지 않다고 누가 감히 말할 수 있겠는가?

전화기를 타고 들려오는 그의 목소리에는 행복과 감사가 넘쳤다.

"900그램도 안 되는 아이를 살지 못할 거라면서 포기하려 해서 데려왔는데 그 아이가 벌써 7살이 되었어요. 이런 게 기적 아닌가요?"

허가도 받지 못해 재정적인 지원도 없으니 어떻게 살아가느냐고 물었다. 그런데 대답도 천하태평이었다.

"알리지도 않았는데 때가 되면 어디선가 돈이 들어오고 돕는 사람들도 오고 그래요."

나도 그에게 있어 어디선가 필요한 때가 되면 나타나는 천사가 되고 싶다. 그리고 그런 천사들이 많아졌으면 하는 것이 나의 바람이다.

베푸는 삶일수록 더 큰 유익을 누린다

세계적인 대부호인 미국의 록펠러는 43살 때 백만장자가 되었다. 그리고 53살 때 세계적인 대부호가 되었다. 그런데 55살 때 앞으로 1년밖에 못 산다는 사형 선고를 받았다. 하루는 쓰러져서 병원으로 실려 갔는데 그곳에서 뜻밖의 광경을 목격하게 되었다.

검진을 기다리는 중에 큰 소란이 나서 들어 보니 한 아이의 부모로 보이는 사람들과 병원측 관계자가 실랑이를 벌이고 있었다.

"우리 아이를 제발 치료해 주세요. 저대로 죽게 내버려 둘 수는 없어요."

"사정은 딱하십니다만, 먼저 입원비를 지불한 후에 입원 수속을 밟는 것이 병원의 규칙입니다."

"돈은 어떻게든 마련해 올게요. 지금 아니면 늦는다잖아요."

"죄송합니다."

이 광경을 목격한 록펠러는 비서를 불렀다.

"내 이름은 밝히지 말고 저 아이의 병원비를 대신 지불해 주게나. 그리고 치료도 계속 받게 해 주게."

그렇게 해서 그 소녀는 치료를 받게 되었고, 기적적으로 살아났다. 록펠러는 이를 계기로 새로운 세상을 알게 되었다. 자신이 누군가에 도움을 주었다는 사실 자체가 매우 즐거웠던 것이다.

"받는 것보다 주는 것이 더 복되다."

록펠러는 병원에 걸려 있는 이 문구를 보며 이상한 기운을 느꼈다. 그리고 그는 조금씩 치유되어 1년밖에 못 산다는 진단을 받은 사람이 98살까지 사는 장수를 누렸다.

물론 장수를 누리기 위해서 베풀며 살라는 뜻은 아니다. 베푸는 삶을 살다 보면 행복해지고 그러면 그것이 자연스럽게 자신의 삶도 건강하고 풍요롭게 해 준다는 의미다.

앞으로 얼마나 더 살지 장담할 수는 없지만 55살 때부터 나누는 삶의 기쁨을 누린 록펠러처럼 나 역시 앞으로 43년이라는 시간 동안 풍성히 나누고 베푸는 삶을 살았으면 좋겠다. 지금까지는 바쁜 세상 속에서 뒤처지지 않기 위해 정신없이 앞만 보고 달려왔지만 앞으로는 더 즐겁고 의미 있는 삶을 누리고 싶다. 나로 인해 누군가의 삶이 바뀌고 세상이 바뀐다면 정말 행복할 것이다. 그런 의미에서 보면 나의 즐거운 삶은 아직 시작도 하지 않은 셈이다.

나의 비전, 나의 소명

인도의 마이크로 소프트웨어라 불리는 위프로 테크놀러지의 아짐 프렘지 회장은 인도의 빌 게이츠라 불린다.

1966년, 미국에서 유학중이던 그는 아버지가 갑자기 세상을 떠나시게 되자 21살의 어린 나이로 아버지의 식용유 회사를 물려받았다. 그는 뛰어난 경영 수완을 발휘해 매출 150만 달러의 식용유 회사를 20억 달러의 IT회사로 탈바꿈시켰다. 뿐만 아니라 그는 인도를 IT 강국으로 만드는데 큰 일조를 했다.

그의 성공 비결은 첫째, 최고의 기업을 목표로 세우고 자신을 채찍질한 데 있다. 그는 매일 새벽 4시 30분에 일어나 전 세계 책임자들에게 이메일로 업무를 지시하고, 아침 7시면 관계자들을 모아 현안을 논의했다. 그는 "글로벌 경쟁에서 살아 남느냐 도태되느냐는 엉덩이 붙일 새 없이 현장을 뛰어다니는 부지런함에서 판가름난다."고 이야기하곤 했다.

그는 「포브스」지가 선정한 '세계의 부자 10인'에 들 정도로 재력가지만 도요타의 소형차인 코롤라를 몰고 다니며, 두루마리 화장지 절약에서부터 전기 소등까지 검소한 생활을 직원들에게 강조한다. 그러나 아무도 그를 구두쇠라고 비아냥거리지 않는다. 검소한 생활 이면에는 해마다 500만 달러 이상을 기부하는 사회 공헌 활동이 숨어 있기 때문이다.

"기업가의 리더십은 사회적 책임을 다할 때 완성되는 것입니다."

그의 이런 말에 나도 전적으로 동의한다. 그래서 그 책임을 다하고 있는 그를 존경할 뿐만 아니라 나 역시 그런 모습으로 살아가고자 노력한다.

가장 첫 번째로 내가 하고 싶은 것은 노인 복지센터를 세우는 일이다. 처음에 아내와 나는 고아원을 세우고 싶었지만 점점 고령화 사회가 되어 가면서 노인 복시 쪽으로 관심을 기울이는 것이 나을 것 같다고 판단했다. 가난한 사람들을 위해서는 정부가 대책을 마련해 주어야 하고 돈 많은 사람들은 실버타운에 들어가면 된다. 생각해 보니 가장 애매한 것이 중산층이었디. 내가 벌어서 살지 않으면 안 되는 사람들, 중산층을 위한 대책이 막연했다. 그 사람들을 위한 타운하우스 같은 것을 만들면 좋지 않을까 하는 아이디어가 떠올랐다. 그곳에서 기거하며 편안하게 노후를 보낼 수 있도록 건강센터와 노인병원을 운영하고 프로그램들도 준비하는 것이다. 뿐만 아니라 취미 생활도 할 수 있도록 하고, 공원도 조성해서 산책을 하거나 가족들이 놀러 와서 부담 없이 만나고 돌아갈 수 있는 곳. 그리고 세상을 떠나면 장례까지 치를 수 있도록 책임지는 곳이 생긴다면 얼마나 좋겠는가.

이를 위해 아내는 사회 복지를 공부했고 지금도 복지 시설에 대해 여러 방면으로 알아 보고 있는 중이다.

물질이 있는 곳에 마음도 간다는 말이 있다. 우리는 꿈을 위해 25년 전부터 '주희복지재단'을 만들어서 꾸준히 저축을 해 왔다. 꿈만 있고 투자를 하지 않으면 어영부영 사라질 것 같았기 때문이다. 덕분에 주희복지재단의 시드머니는 현재 3억 원을 넘었고 계속 가속도가 붙고 있다.

이런 꿈 덕분에 나는 삶에 대한 열정이 넘친다. 보통 은행을 그만두면 세상을 어떻게 살까 하고 두려워하는데 나는 은행에서 나가는 순간, 더 새로운 삶을 살 수 있다는 희망에 차 있다. 물론 계획한다고 이루어진다는 보장도 없고, 하나님이 나를 전혀 다른 길로 인도하실 수도 있다. 그러나 어떤 길이 열리든 나는 여전히 나 자신으로 살아가며 내 주변의 사람들과 함께 그 길을 갈 것이다.

"너의 경영하는 것을 여호와께 맡기라. 그리하면 너의 경영하는 것을 이루리라."

　욕심으로 앞서 가려고 하지도 않고 하나님이 나를 위해 예비하신 길을 거부하지도 않을 것이다. 내게 주어진 하루하루에 최선을 다할 것이다. 그러면 하나님이 모든 것을 이루실 것이라고 믿는다.

　사람이 태어나서 죽는 것은 정해진 이치다. 자신에게 주어진 시간 속에서 어떤 일을 하느냐가 중요하다. 기왕이면 좋은 선택을 하라. 좀 더 지속적으로 경영 가능하고, 세상을 아름답고 밝게 만드는 일을 당신의 목적으로 삼으라. 그렇다면 어떤 일을 하더라도, 아무리 하찮고 작은 일이라도 하나님이 보시기에는 아름다운 일이 되지 않겠는가. 그리고 그 일을 하는 당신이 있기에 우리 사회는 더 살 만한 곳이 되는 것이다.

나누는 삶을 실천하는 how-to

1. 나누는 삶은 한순간의 기분으로 되지 않는다. 기꺼이 나눔을 선택하고 연습할 때 지속적인 사랑을 주는 큰 사람이 될 수 있다.

2. 사랑을 나누는 것은 소유와 상관없이 누구나 할 수 있다. 사랑으로 주고받는다면 수여자나 수혜자나 서로에게 유익을 주는 관계가 될 수 있다.

3. 사람들이 베푸는 삶의 유익을 누리지 못하는 것은 풍족하지 않아서가 아니다. 문제는 다른 사람의 필요를 보는 눈과 그것을 얼마나 채워 주고 싶은 마음이 있는가 하는 점이다.

4. 지금 당신이 베푸는 작은 사랑이 어떤 사람에게는 미래를 여는 열쇠가 될 수도 있다. 사랑의 눈으로 주위를 둘러보라. 당신은 어쩌면 미래에 아주 큰 일을 할 누군가의 삶에 중요한 영향을 끼칠 수도 있다.

5. 언제나 세상을 아름답게 바꾸는 것은 작은 결심, 작은 실천이라는 점을 기억하라.

후기 | 아름다운 청춘에게

얼마 전 뉴스에서 우리나라에서 자살하는 사람들의 6,70퍼센트가 2,30대 젊은이라는 소식을 접하고 깜짝 놀랐다.

가장 꽃다운 나이에 죽음을 선택할 수밖에 없었던 이유가 무엇일까. 나는 그것이 포용과 무관하다고 생각하지 않는다.

누군가는 취업이 되지 않아서, 누군가는 사랑이 받아들여지지 않아서, 누군가는 돈이 없어서 죽음을 선택했다. 사회로부터, 연인으로부터 받아들여지지 않은 거절감과 상실감이 그들을 죽음으로 내몬 것이다.

모두 개인의 사정과 사연이 있겠지만 설사 그들이 지금 당장 그렇게 받아들여지지 않아도 좀 더 마음이 단단했다면 어떠했을까 하는 아쉬운 마음이 든다.

흔들리는 젊음에게 하고 싶은 이야기가 있다.

첫째, 아무리 어려운 상황에 처했더라도 절대 희망을 포기하지 마라.

IMF 시절을 겪으면서 우리나라는 예전에는 당연하던 것들이 하나도 당연하지 않게 되었다. 예전에는 대학만 졸업하면 취업할 수 있었는데 이제는 취업도 힘들고, 취직이 된다 해도 언제 밖으로 내몰릴지 몰라 불안에 떨어야 하는 상황이다. 이제 IMF를 극복했나 싶었더니 이번에는 온 세계가 경제 패닉 상태에 빠져 있다. 이런 때 "조금만 더 참아 봐라."는 말은 의미 없게 들린다.

사실 지금은 혼자 힘으로는 도저히 참기 어려운 상황이다. 그래도 견딜 수 있다. 혼자가 아니라면. 주위를 둘러보면 언제나 도움의 손길을 찾을 수 있다. 함께 공부하고 연구할 사람들을 찾아 보라. 지혜로운 조언을 해 줄 수 있는 선배나 스승을 찾아 보라. 목표를 가지고 열심히 도전하라. 도전해서 실패하면 다시 시작하라. 목표가 정말 절실하고 소중하다면 몇 번 실패했다고 좌절하고 물러서는 것은 어리석은 짓이다. 자신이 처한 상황에서 최선의 선택을 하고 딱 한 걸음씩만 나아가겠다고 결심하면 언젠가는 목표한 그곳에 도달할 수 있다.

지금은 도저히 해법이 보이지 않는 것처럼 암울하지만 이 시기를 도약하기 위한 배움과 성찰의 시기로 삼는다면 돈으로도 살 수 없는 귀중한 것을 얻게 된다. 인생을 긴 안목으로 본다면 시련은 계속해서 찾아오게 되어 있다. 하지만 반가운 소식은 모든 어려움에는 끝이 있다는 사실이다. 한번 어려움을 견디고 이겨 낸 사람은 그 다음에 찾아오는 시련에도 쓰러지지 않고 이겨 낼 수 있다. 그리고 더 강해질 것이다. 진주를 만드는 조개의 심정으로 어려운 시간을 잘 극복한다면 분명 당신의 진가를 최고로 발휘하는 멋진 시간을 반드시 만나게 될 것이다. 위축되지 말고 더욱 당당한 젊음으로 살아가라.

둘째, 만나고 싶은 사람이 되어야 하고, 좋은 사람을 만나야 한다. 어떤 사람을 만나면 힘이 나고, 어떤 사람을 만나면 힘이 빠진다. 그 이유는 바로 생각의 차이다. 긍정적인 사람을 만나면 긍정의 에너지를 전달받지만, 매사에 불평불만이 많고 팔자타령이나 하는 사람은 부정의 에너지를 뿜어 낸다. 어려울수록 시대를 탓하고 상대방을 탓하기보다는 주위 사람들에게 희망을 주는 사람이 되어야 한다.

요즘은 경제 상황이 악화되어서인지 어느 곳이든 분위기가 좋지 않다는 것을 절실하게 느낀다. 만나는 사람들의 표정이 어둡다. 기업들은 회사가 존속할 수 있을지를 걱정하고, 직원들은 잘리지 않고 내년에도 회사에 다닐 수 있을지를 걱정한다. 이런 시기에는 회사 내에 암울한 분위기가 감돌아서 좀처럼 힘을 내기가 어렵다. 그러나 그럴 때일수록 서로 믿고 긍정적인 확신을 심어 주는 것이 필요하다. 경영진은 직원들에게 "어려운 시대이지만 우리는 여러분을 믿습니다. 열심히 해 주는 여러분 때문에 이 위기도 극복할 수 있을 것입니다."라고 말해 주어야 한다. 그러면 그 사람도 주변에 긍정적이고 좋은 기운을 발산하게 된다. 다른 사람을 믿어 주는 긍정적인 말과 태도가 얼마나 놀라운 영향력을 끼치는지 시험해 보라.

셋째, 책은 당신의 꿈을 현실로 만들어 주는 지도라는 사실을 잊지 말기 바란다. 꿈은 마음으로 꾸지만 꿈으로 이르는 길은 책에 있는 경우가 많다. 내가 모든 것을 다 경험할 수 없기 때문에 책을 통해 간접적으로 경험할 수 있다. 그렇게 되면 도전할 수 있는 영역도 무궁무진해진다. 책 속에서 길을 찾고 도전한다면 인생을 낭비하는 일은 줄어들 것이다. 자신을 계발하고 실력을 쌓는 일에는 게으르면서 기회가 오지 않는다고 탓하는 것은 무책임한 짓이다. 나이가 몇이든 배움에는 끝이 없다. 주변의 새로운 것들에 대해서 무감각해지고 호기심을 잃어버린다면 그때는 정말 무기력해지는 것이다. 모든 것을 다 알고 있다고 생각하는 그 순간부터 퇴보는 시작된다. 아무리 나이가 들어도 새로운 꿈을 꿀 수 있고, 배워야 할 것은 언제나 넘쳐난다. 삶이 다하는 그날까지 결코 배움의 자세를 잃어버리지 마라.

아마 익히 들어서 알고 있는 이야기일 것이다. 알고 있는 것을 실천으로 옮기는 힘이 필요할 뿐이지 않은가.

마지막으로 포용하는 삶에 대해 다시 한 번 이야기하고 싶다.

'포용'이라는 단어를 들으면 어떤 느낌이 가장 먼저 드는가? 나는 '넓이'와 '깊이'가 생각난다. 우리가 무엇이나 누구를 포용하기 위해서는 넓고 깊은 마음이 준비되어야 한다. 그렇다면 넓음과 깊음은 어떻게 해야 얻을 수 있을까?

넓어지기 위해서는 아픔을 감수해야 한다. 예전 이스라엘 역사에서 보면 장막을 치며 살았던 사람들은 장막을 넓혀야 할 때 기둥을 다시 세우고 말뚝을 새로 박아야 했다. 새로 박는 행위 속에는 '아픔'이 동반된다.

깊이도 마찬가지다. 바닷속 깊이 들어가면 어둡다. 숲 속 깊이 들어가도 어둡다. 깊이는 어두움과 연결되어 있다. 그래서 깊어지려면 인생의 어둠을 반드시 통과해야만 한다.

단순히 아픔을 겪었다거나 인생의 어둠을 경험했다고 해서 포용력이 생기는 것은 아니다. 그 속에서 부단히 자기 자신을 단련시켜야 한다. 자신에게 생긴 일들에 대한 의미를 해석하고 그 가운데서 어떻게 반응하며 자신을 발전시

킬지를 끊임없이 생각한다면 그 사람은 넓고 깊은 포용력을 갖추게 된다.

우리가 누군가를 존경한다고 할 때 소위 눈에 보이는 '성공' 때문만은 아니다. 거기에는 그 사람의 인격도 포함된다. 성숙하지 않은 인격에 성공을 거둔 사람은 '부러움'의 대상일 뿐인지 분명 '존경'과는 거리가 있다.

성공에 대한 많은 신화가 있지만 준비되지 않은 성공은 그 사람을 파괴할 뿐이다. 준비된 성공을 하고 그 성공을 탄탄하게 이어가기 위해서는 마음을 준비해야 한다. 성공 신화가 난무하는 세상 속에서 마음을 단련하고 키우고 넓히는 훈련을 해 보자. 포용은 당신에게 진정한 성공을 가져다 줄 것이다.

당신이 이루고 싶은 성공이 무엇인지 다시 한 번 진지하게 생각해 보기를 바란다. 불나방 같은 성공인가, 거목과 같은 성공인가.

포용력
사람과 세상을 내 편으로 만드는 힘

초판 1쇄 발행 | 2008년 12월 15일
초판 2쇄 발행 | 2009년 1월 12일

지은이 | 유희태
펴낸이 | 심만수
펴낸곳 | (주)살림출판사
출판등록 | 1989년 11월 1일 제9-210호

주소 | 413-756 경기도 파주시 교하읍 문발리 파주출판도시 522-2
전화 | 031)955-1350 기획·편집 | 031)955-1399
팩스 | 031)955-1355
이메일 | book@sallimbooks.com
홈페이지 | http://www.sallimbooks.com

ISBN 978-89-522-1048-7 03320

* 잘못된 책은 구입하신 서점에서 바꾸어 드립니다.

책임편집·교정 : 최은하

값 12,000원